New Wun Ching Developmental Publishing Co., Ltd.

New Age · New Choice · The Best Selected Educational Publications — NEW WCDP

第2版
SECOND EDITION

創意激發
幼兒教具的設計與製作

王昱之 編著

Sparking Creativity-Design And Making Of Teaching Aids For Young Children

PREFACE
二版序

　　「幼兒教具」是激發幼兒創造、思考、認知的最佳媒介，然而近年來筆者卻發現越來越多的幼教老師苦手於教具的教學與製作，常常花費了大量的課餘時間，甚至犧牲了休息時間仍無法達成預期的教學效果，更因此感到灰心。有鑑於此，筆者特別設計了一些協助幼教老師搭配活動主題的教具發想，讓老師與孩子們一同激發創意，共同動手做教具、玩創意，並結合了資源再利用的構想，化腐朽為神奇，在不需要花費太多金錢與時間的前提下，親手變出課堂上所需的法寶，讓幼兒及老師可以一起開心學習、自由發揮。

　　同前所述，本書不單單只是提倡師生之間的互動教學活動，家長在學齡前幼兒的人格發展上也占了極重要的地位，因此，在教具的製作上，親子之間的通力合作亦相當重要，良好的互動是增進親子感情與認同的最佳催化劑，期許每位家長皆能為自己的孩子停下忙碌的腳步，多陪陪孩子，一起動手玩「遊戲」以增進彼此間的感情。

　　書中許多資料均為筆者多年來在大專院校教授「幼兒教具製作與應用」的教學內容，因幼兒教育多元創意、推陳出新，因此筆者在二版中為此做一統整，更新教具案例，希望能讓學習者掌握不同型態及多樣化教玩具設計製作的原則與應用，以及能配合課程學習或是活動需求自行設計出好玩又有趣的教玩具。

　　最後衷心感謝多位好友的支持與鼓勵，由於你們的相信與肯定，這本書才得以問世；學生們的參與及別出心裁的作品更是讓我有信心加快步伐來盡力寫書。此外，感謝豆采龍兒童藝術中心協助拍攝工作讓此書能順利完成，家人們的精神鼓勵更讓我無後顧之憂。最後，對於新文京開發出版股份有限公司的支持與安排出版事宜，在此由衷地表達感謝之意。

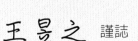 王昱之 謹誌

CONTENTS
目錄

Sparking Creativity-Design And Making Of Teaching Aids For Young Children

PART 1

×觀×念×篇×

鼓勵及啓發幼教老師自行動手做教具，雖花費一些時間，卻能換來幼兒極大的學習力、創造力及想像力，何樂而不為呢？

幼兒教具的意義

在幼兒教具設計與製作的相關課程進行當中，常聽到課堂中這群未來的幼教同學們擔心自己了無創意、雙手不靈巧，以至於不敢放心大膽地盡情發揮點子，還怕浪費了手邊的素材。此外，也常聽到許多已任職幼兒園的幼教老師們抱怨需要利用課餘時間甚至於假日時間，花費大量的精力來製作教具，特別是大型、很費功夫的教具，然而老師們投注了大量的時間、人力及成本，卻不一定能得到孩童與園方的青睞與肯定，導致有些老師們對自製教具感到卻步。

幼兒的生命本質中原本就蘊涵著豐富的發展潛能與想像創造的能力，隨著現今社會的多元化型態發展，幼兒教具不再只是幼教老師單向的教學素材，舉凡生活周遭一切能激發孩子想像創造力及心智發展的物品，均有可能成為一項幫助孩子身心發展學習的教學工具。因此，老師可以思考的是，如何以幼兒為本位以發展出合宜的課程，來幫忙引導幼兒探索素材的意義，學習在遊戲的情境中，放心地做教具、玩創意。

一、幼兒教具的定義

究竟教具的定義為何呢？教具即是一切能輔助教師在教學現場上的實物工具，它的功能在幫助教師教學、讓教學活動進行順暢、也在幫助幼童理解及學習。教具本身的功能是否能夠有效發揮，要視教具本身設計的良窳，以及教師的引導。如果幼兒教具製作得創意具吸引力，幼兒受到視覺刺激，教具就能吸引住他們的目光；但若是使用者操作不當、使用的時機不適宜，以至於搭配的活動無法順利進行，則有可能白白浪費了精心設計的教具。綜合而論，雖然只是一件簡單的教具，只要教師能夠發揮巧思，將它靈活的運用於課堂當中，簡單的教具也可發揮很大的功效。

根據王美晴(1999)對幼兒教具所下的教學定義：

1. 促進幼兒大小肌肉（註1）的發展並提升學習的樂趣。

2. 激發幼兒創造、思考、認知的能力並培養正向的自我概念。

3. 提供正確的指導與規範，培養良好的學習態度。

由此可見，教具在培養幼兒各種能力的發展，或是增強身體動作能力上，有其不可或缺的必要性。但是教具的使用操作，對幼兒而言，必須要藉由遊戲來實施，否則將極

難收到預期的目標及效果。此外，由於年齡越小的孩童注意力越短暫，因此如果經常重複使用同一類型的教具，還是有可能讓小朋友失去學習的興致。

註1：大肌肉能力的發展亦指粗大動作的發展，一般是指全身性運動型態的部分，例如：走、跑、跳、爬行、投擲、平衡感⋯⋯等等能力。小肌肉能力的發展可稱為精細動作的發展，是視覺和手部動作之間的協調能力，或是手指及手腕的操作能力，例如：開關門、剪紙、翻書、串珠、穿脫衣物、用蠟筆畫畫等等。

二、教具與玩具的異同

有些人對「教具非玩具」、「玩具非教具」的說法質疑。究竟教具和玩具的差異在哪裡呢？教具、玩具分別該具備哪些特質呢？

對學齡前幼兒而言，遊戲與玩具在童年階段占有十分重要的地位，幼兒可能仰賴著這些媒介物學習及成長。然而，對部分成年人的認知而言，玩具不過是拿來取悅孩子，是不具有任何教育意義的。但是，許多幼教學者仍堅持認為多功能性的玩具是可以啟發幼兒認知及心智發展的重要媒介與工具，有其存在的必要性。玩具是幼兒最親密的夥伴，幼兒從操作玩具的過程當中，同時也享受自主學習的樂趣。大多數的幼兒很少空著手玩遊戲，譬如一支竹竿即可玩騎馬打仗的遊戲。玩具所具備的有趣性、探索性、多元性、豐富性的特質，亦吸引著幼兒去運用它們來學習事物。

相對而言，教具除了應具備玩具的趣味性、安全性、吸引力的功能外，在幼兒學習課程中更扮演著舉足輕重的角色。大多數的幼教老師會運用教具來輔助教學，因此這些實物物品除了必須具有教育的內涵外，更要讓每位幼兒因為不斷操作這些教具，培養出專注力及幫助個人心智能力的發展。

三、幼兒教具設計應具備的特質

教師在設計幼兒教具時，應朝多面向的考量，不論是從幼教領域的角度來配合教學主題課程自行製作，或是由師生互動共同產生創意作品，所應考量教具設計的特質如下所述：

1. 在外形上要能吸引幼兒想要主動去探索，有興致去操作。

2. 具備簡易的操作方式，以學齡前幼兒的能力及發展階段為考量基準，而非單向式由教師主導操作。

3. 變化性多及趣味性強,讓孩童們想要反覆再三地把玩。

4. 具備簡單遊戲規則,滿足幼兒身心發展上的需要。

5. 實用性及耐久性的特質亦是不容忽視的考量重點。

6. 能配合教學目標,促進幼兒各方面能力的發展。

7. 要能啟發幼兒的創造力,增進幼兒的學習動機及多元能力。

　　老師們在利用教具做為教學的媒介時,除了激發幼兒的好奇心、吸引幼兒的注意之外,並且還要在適切的時機運用合宜的教具,以提供孩童直接的及完整的學習經驗。

　　總而言之,教具製作的課程設計不僅可以符合兒童心理發展的需要,又可以符合經濟環保的概念,所以在學前教育的教保課程規劃上十分受到幼兒園方的重視,家長及幼兒也相當喜愛這類型的教學活動。

幼兒教具設計的功能及原則

或許對於許多老師而言，自製教玩具是一件十分麻煩又花功夫的事情，直接購買現成教玩具不是更省事方便嗎？一則可省去自己動手動腦的時間與精力，再則也可以從他人的設計中直接獲得一些教學靈感，充實課程的內容。然而前提必須是園所有意願提供預算可以購買市面上現成的教玩具。但是事實上，許多園所長和老師既不投資成本購買教材教具，又不願意動手花些心思自行設計，導致教具不是非常老舊毀損，就是極度缺乏，此外，甚至情境布置中亦不見師生共同的創意教具呈現，真是非常可惜！

事實上，幼兒園教保活動課程領域中的教具製作活動並不困難，並有極大意義可言，在以幼兒為主體的教保活動設計中，師生互動關係佳，只要老師們願意多用一些巧思，發揮一些創意，再保有童稚之心，善用周邊的資源，簡單的教具也隨時可以帶給幼兒極大的啓發與驚喜。

一、幼兒教具設計的功能

一般而言，幼兒園所的教具呈現形式可分為以下幾種：幼教老師自行製作、老師從旁輔助幼兒製作、幼兒自行創作或是親子作品等等。不論是成人製作，或是在成人的帶領下由幼兒自行完成創作，在製作教具的過程中都要考量創意性的思考及動手操作機會的練習，讓幼兒在玩與製作的過程當中，除了能手、腦、心並用之外，更強調幼兒求知欲、好奇心、堅持性的培養。大人們要扮演的是鼓勵者及支援者的角色，甚至是玩伴的角色，帶領孩子一起發掘更多有趣、新奇的教玩具。

活用教具的功能除了能讓老師的教學豐富與生動，也能讓課程活動順暢進行，更可以幫助幼兒理解與學習事物。而老師若能根據班上孩童們的興趣、喜好及發展階段去設計出適合幼兒的教玩具，教具的功能更是不容小覷。園方實應鼓勵幼教老師多多發揮巧思，創造及設計多元化教具，以提升教學及表達創意概念，改善教學品質。

目前市面上充斥著許多的多樣化型態之教材、教具類型可供老師們直接選購、利用，但是為何老師們仍會覺得不足，導致最後還需回過頭來自行製作，原因概略如下：

1. 市面販售的教玩具雖然方便，同時亦省去老師許多製作時間，但預先設計教學方向的教具，往往不能滿足課程教學上的多項需求，反覆使用自然就新鮮感全失了，而若老師能實際參與教玩具製作的過程，則此項瓶頸即可順利解決。

2. 教師在自製教具的過程中主要在配合幼兒好奇、好問、好動的特質及彌補市面出版之不足，因此具有實用性、趣味性、安全性、精確性、精緻性及多元性等等的特質，此為市售的教玩具無法兼有的特質。

3. 教師在帶領孩童自製教玩具時，除了可以考量幼兒的能力與喜好之外，還能夠不斷地激發自己與孩童們的創造力，找尋到彼此對課程的參與度，此亦是大部分幼兒園所的幼教老師意圖自製教玩具的最主要原因。

4. 教師在帶領幼兒共同自製教玩具時，除了讓小朋友們熟練動作技能，培養大小肌肉能力的發展之外，在邊玩邊學的過程中，無形中亦啓發了孩童們的思考及幫忙理解抽象的概念，相對地，老師的教學也變得更活潑了。

　　根據伊甸基金會(2008)提出，自製教具的確可以彌補市售教具的不足，而且自製教具所延伸出來的附加效益，更是投入自製教具行列的好理由，自製教具的確足以讓幼教老師帶領孩子一起展現巧思，共同進入創作的天地，體驗玩創意的樂趣！以下為基金會提出的自製教具滿滿的優點理由之節錄：

1. 可用生活周遭的素材予以製作，既節省荷包且落實環保。

2. 可滿足課程內容的變化性，創造多元化的教學環境。

3. 可依孩子的個別差異及需求去設計，實施適性化教學。

4. 可依對孩子的了解，針對情境而設計教具，實踐因材施教。

5. 可滿足教師的個別差異，依照對教具設計的了解，讓教具做有效率的運用。

6. 可激發教師的創意、專業的再精進，研發出更適合的教具。

7. 可凝聚及結合不同教師的專長，有助專業間的交流學習。

8. 可讓教師與學童共同設計教具，培養師生齊創作的精神。

9. 可具體展現第一線教師的豐富教學經驗與教學研發成果。

10. 教具較有變化，生動而不死板，有助引發孩子的學習動機。

而李惠加(2000)站在教保人員的立場，歸納教具製作的功能性如下：

1. 使教師教學活潑，輔助教師的教學活動，提高教學效果。

2. 幫助幼兒加深對事物的了解和增加熟悉度。

3. 幫助教師指導幼兒澄清觀念，更容易了解抽象概念，讓學習不覺得困難，減少挫折感。

4. 激發幼兒教學思考上的創意，培養解決問題的能力。

5. 引起幼兒的學習動機及興趣，增加趣味性，讓幼兒快樂地學習。

6. 能動手操作，熟練動作技能，幫助大小肌肉發展。

7. 維持較久的注意力，促進各方面的學習。

8. 培養良好的學習態度和主動自發的學習精神。

9. 透過教具的多元性，滿足幼兒的個別需要。

10. 教具能自我糾正、自我學習，能避免幼兒因被糾正錯誤時，覺得難堪而自尊心受損。

由此可知，幼兒園所在利用教具製作活動做為教學媒介，的確可以增進幼兒大小肌肉的發展，並培養幼兒創造力及想像力，讓小朋友們在遊戲中達到預設的教學目標。諸如此類的教保活動，教師是有必要多花點心思為幼兒做設計，因為在幼教老師們全心自製教具的努力下，將愉悅孩童們的心情、促進了孩子的發展。

一般性而言，老師們自行設計的教具靈活性多，且具備多項優點。幼兒園所在進行教學主題活動時，老師若是在難以找到合宜的教玩具搭配課程使用之餘，則可多加考慮自製好玩的教具加強教學豐富性；另一方面，大部分老師考量以環保概念為出發點，會利用簡單又好用的資源回收素材，自行創作好玩又能夠符合教學主題的教具。當然，我們都知道自製教具較花費時間及工夫，但是更能夠達到預定的教學活動目標，及預定的主題課程內容，建議幼教老師不妨可邀約具美工專長的同伴共同設計製作，如此則可節省製作的時間，也可讓教具更精美、有趣。

如上所述，幼教老師除了會自行製作教具之外，能夠懂得善加利用教具同樣也很重要。善用教具資源除了可幫助課程教學進行地更活潑、更具親和力之外，透過立體視覺化及操作性的引導，幼兒生動的學習效果必然會更加紮實。

二、幼兒教具設計的原則

對許多幼教老師而言，要設計出好玩、實用的教具，事先必須要做一些準備工作，老師們除了需要不斷蒐集身邊可用的資源，提升廢物利用的技巧，發揮創意的點子之外，本身還須具備藝術鑑賞能力，隨時善用巧思，教具製作就不再是件麻煩且花時間的工作了。只有在幼兒因教具的輔助而獲得學習的效果，並流露出開心燦爛的眼神時，教具的設計才算成功了一大半。

一般而言，教師自製教具並不限於由一位老師單獨創作，若是大型教具，可以多位老師共同創作；另外，一件教具也可由各班孩童輪流使用。

根據王美晴(1999)指出，幼教老師自製教具時，應該注意的原則有以下幾點：

1. **創新獨特性**：幼教老師能發揮創意將不起眼的廢物運用成別出心裁的創意教具。如此，不僅市面上找不到相同的教具，更可以讓幼兒享受頗具創意的教具。

2. **目標明確性**：製作教具前，能清楚地思考其教學目標並發揮於教具上，幼教老師可依據活動的教學目標選擇運用何種教具，並引導幼兒學習。

3. **實用安全性**：安全是製作教具最重要的考量因素，尤其是幼兒年齡小，缺乏生活經驗，因此幼兒的玩具更應要求絕對安全、不具毒性、沒有任何尖銳稜角、不易破碎，同時應考量萬一幼兒將教具置於口鼻造成的嚴重後果等等。另外實用性亦是教具製作應考量的因素，若是自製教具容易損壞，不僅老師得花更多時間維修，不符時間成本之外，孩童們也可能因此而提不起興致再繼續操作了。

4. **符合經濟性**：教具製作的選材盡量能利用廢物回收資源物來製作，不僅花費不多而且能夠物盡其用。透過資源回收的觀念，不僅可以幫園所節省大量的經濟預算，也可以順便教導幼兒正確環保的概念，何樂而不為呢！

除此之外，不同年齡的幼兒，其發展任務亦不同，因此，為幼兒設計製作的教具也應該要有所個別差異。幼教老師在自製教具應考慮教具本身是否有配合幼兒的身心發展狀況、興趣、甚至文化背景等因素。

學齡前3~6歲幼兒的各階段的發展任務如下表一所示，幼教老師有必要參考其內容，並根據孩子的發展里程碑設立教保學習的目標，然後為幼兒尋找適當及設計合宜的教玩具。

【表一】3~6歲幼兒發展里程碑

年　齡	粗動作發展	精細動作的發展
3歲～3歲6個月	1. 走路時兩手交互擺動 2. 可繞障礙物跑過去 3. 丟球可丟十呎遠 4. 想辦法用手臂接球 5. 單腳站立五秒	1. 會蓋、開小罐子 2. 可完成菱形圖的連連看 3. 模仿畫十形
3歲6個月～4歲	1. 可接住反彈球 2. 以腳趾接腳跟向前走直線 3. 原地單腳跳	1. 自己畫十形 2. 模仿畫十形
4歲～4歲6個月	1. 以單腳向前跳 2. 向上攀、爬垂直的階梯 3. 過肩丟球12呎 4. 單腳站立10秒	1. 照樣寫自己名字、簡單的字 2. 25秒中可將10個小珠子放入瓶中 3. 用剪刀剪直線 4. 跟著摺紙
4歲6個月～5歲	1. 單腳連續向前跳2~3碼 2. 騎三輪車繞過障礙物 3. 雙腳跳在5秒內可跳7~8次	1. 會寫自己的名字 2. 會畫方形但還不太好 3. 用剪刀剪直、曲線 4. 會用繩索打結、繫鞋帶 5. 會扣及解鈕子 6. 能畫身體6個部分
5歲～5歲6個月	1. 腳尖平衡站立10秒 2. 用雙手接住反彈的乒乓球 3. 主動且有技巧地攀爬	1. 自己會寫一些字 2. 20秒中可將10個珠子放入瓶中 3. 會寫1~5的數字 4. 會畫三角形
5歲6個月～6歲	1. 有韻律的兩腳跳躍如跳繩 2. 跑得很好 3. 可接住丟來的球（5吋大） 　 （用手接） 4. 以腳趾接腳跟倒退走直線	1. 以拇指有順序碰觸其他四指 2. 將鞋子鞋帶穿好 3. 能畫身體6個部分

資料來源：行政院衛生福利部國民健康署(2016)。

　　設計教具時，除了參考一般幼兒的發展特徵之外，還要實際觀察且了解所面對孩童們的生活經驗與實際興趣所在，然後與課程相互呼應配合，才能對幼兒教保學習有實質幫助，增進幼兒學習能力。

　　歸納而論，教師在製作教具時，一般要考量以下幾點的要項：

1. 製作一件教具勿花費太多時間及金錢，要以經濟耐用為原則。

2. 教學用教具的製作務必以可重複使用為原則。

3. 教具雖須配合課程主題的需要，但仍須考量幼兒之年齡層、興趣、學習能力等。

4. 教具製作務必顧及安全性、趣味性、教育性。

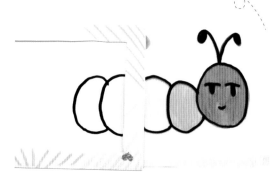

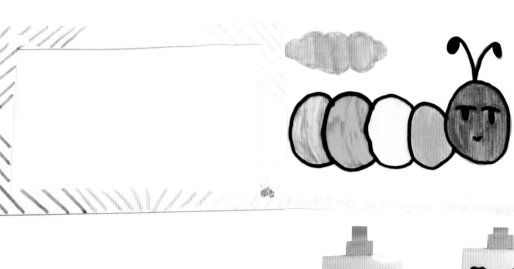

5. 教具可由教師自己製作，或帶領小朋友們一起製作，或是在親子活動時安排親子一起參與。

6. 教具完成後應立即評估能否引起孩童們的學習興趣，達到預定之學習目標，做一檢討與修正，若需要修正，應該立即做調整改進。

7. 進行創作類活動，必要時，教師應正確示範新工具的用法，並隨時提醒幼兒小心使用。

8. 盡量使用多樣化的製作素材，可以讓幼兒感受不一樣的視、觸覺感受。

　　幼教老師在自己製作教具時，尚須掌握所欲呈現的意義及效益，而且好的教具必須具備多項功能，單一功能性的教具往往在用完一次後就束之高閣，甚是可惜。此外，若是教具設計牽涉到精密度原則時，須注意它的準確性。

　　目的性亦是老師們在教具製作時很重要的考量因素。教具是要在教學情境中給教師及孩童操作使用的，但是有些教師因為製作教具時花費了許多的時間及心力，最後卻捨不得給孩子操作使用，教具變成了課室陳列的展示品，即失去了最初設計教具的原意了。

　　另外，幼兒園除了應鼓勵教師自行創作教玩具之外，更重要的是不要忘了在教學實踐中安排創意教學活動，引導幼兒自製教玩具。教師必須設計一些可以讓幼兒自己動

腦動手的活動，準備好充足的材料及告知明確製作的方式，在製作教具的過程中，盡量保留適當的空間及時間給幼兒，引起幼兒的動機及興趣之後，鼓勵幼兒以自己的能力試著完成作品，即使作品不夠完美，都應該鼓勵其自行完成，以免日後養成依賴性。當然在必要的時候，老師可視孩童個別的需要，而適時的提供協助及引導，但是絕不幫忙代其完成。幼兒自己參與完成的教玩具在教學活動中有不可替代的作用，因此教師可多鼓勵幼兒及引導他們掌握動手創作玩教具的本領。除此之外，讓幼兒珍視善用身邊資源亦是幼兒學習教具製作的重點，讓幼兒盡情利用回收資源自在地創作發揮，「化腐朽為神奇」，才可真正地達到美感能力的提升，達到動手玩創意的境界！

　　總而言之，幼教老師在進行教具製作活動時，只要依循著基本設計原則，依據幼兒的步調隨時調整修正設計的成果，最後則可以完成更多適齡適性的生動教玩具。

CHAPTER 03 課程領域與教具設計的結合與應用

　　坊間幼兒教具的種類繁多，分類的標準亦有所不同，有以幼兒教學理論為主的教具，如：蒙特梭利教具、福祿貝爾恩物；有以各類材質來區分的教具，如：紙類、木質、土質類、布類、塑膠類等教具；有依據幼兒身心發展所設計的教具，如：感覺動作、知覺動作、語言發展、社會溝通等等教具。針對不同年齡的幼兒，其身心發展階段任務及狀況均不同，因此在教具的設計或製作也應該要有所差異。

　　幼兒教具設計的方向需重視每位幼兒於學齡前階段的獨特發展任務，及幼兒需求與社會文化的期待。可以根據認知、情意、技能等三大方面來進行，而領域部分亦可橫跨幼兒園教保活動課綱的多項領域，如：語文、認知、社會、情緒、美感、身體動作與健康等各方面的配合。

　　以下將依據學齡前階段的幼兒園教保活動課程領域，將各領域課程所代表教具的特色分別說明如下：

一、語文領域教具

　　幼兒時期是語文發展很快速的階段，透過幼教老師設計的教具可以啓發幼兒語文的能力，增強其表達方法及和他人溝通的信心，同時進一步地發展讀、寫、記憶、思考的能力與技巧，近年來「全語言」(whole language)的理念也是強調以幼兒的經驗為主來發展語文（口說語言及書寫文字）的概念。

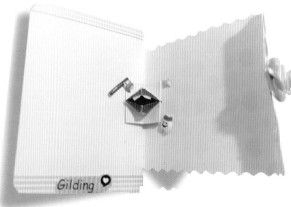

　　幼兒在語文學習上不論是「說」、「聽」、「讀」、「寫」任一個領域都須均衡地發展，語文類教具在幼兒園中應根據幼兒的

生活經驗，提供以上四種有意義的語文活動情境之整體學習，因此老師在設計相關教具時，即可依循這四個方向做設計。許多研究指出幼兒的語言學習應該在對學習者具有使用意義中產生，因此平日可多給予幼兒豐富且生動的語文方面刺激，使孩童在使用語言活動中學習語言、在閱讀遊戲中學習閱讀、在寫字活動中學習寫字。身為一個幼教老師所須扮演的角色十分地多樣化，且每一個角色都必須幫助孩子在發展語文方面的正面成長。合宜地安排情境教學學習是語文學習的最好方式之一，所以教師不妨可以在生活當中從事各種教學活動，以培養幼兒語文理解能力及表達能力，例如：透過兒歌、朗誦、閱讀、手指謠、鄉土歌謠、故事繪本、默劇、戲劇扮演、甚至於舞蹈表演及電影欣賞等等，以增進幼兒的語文能力。

為了增加教學的豐富性及活潑度，教師在帶領語文課程方面可以運用的教具及玩具包括了：偶類教具（布袋偶、手套偶、棒偶、襪子偶、杯偶）、故書書（立體或平面）、掛圖、法蘭絨板或故事板、識字卡或字母卡、偶戲台、拼圖、面具、視聽類教具、圖片、布書、標本模型……等等。幼教老師當然可以直接選用市售教具，並不一定每一件教具都要自己重新設計製作；或者亦可以搭配市售教具與自製教具的配合使用，隨時可以視教學現場實際情況而定。然而，畢竟不是所有的現成市售教玩具都能符合園所個別幼兒的現況需求，因此若是能讓孩子有機會由遊戲活動中設計教具、呈現語文類的作品，或是師生一起合力創作出語文類教具，那麼孩子的學習感受將會更深刻，自然而然地，語言及讀寫能力亦增進了。在日常生活的環境中，孩子隨處可看到豐富的環境資源，例如：故事書、紙、筆、回收瓶罐、海報、廣告單、餅乾包裝盒……等等，每每都吸引著孩子產生好奇及探索，只等待老師如何去引領孩子一起進入教具世界的互動模式中了。

二、音樂領域教具

人類處在胎兒階段就已經具備音樂能力了，胎兒在母親的腹中已可感受到音樂的律動和節奏，而音樂也會讓孕婦的心情放鬆，當然有利於胎兒的成長。在母體懷孕約七至八個月左右時，胎兒更可以感受到媽媽的心跳及說話的節奏、血液循環的韻律，因此在此階段多給予柔和的音樂可刺激胎兒的聽覺發育，讓胎兒發展可以處於更舒適平靜

的狀態。在幼兒成長的過程中，成人在其生活當中更可以多提供一些「聽」的經驗，刺激孩子對於聲音產生敏感度及對音樂的興趣。

根據幼稚園舊課程標準的範圍（民國76），音樂教育的內容包括有唱遊、韻律、欣賞、節奏樂器等四大類，一般幼教老師在進行這四大類音樂活動時，除了基本的原則，例如：歌曲長度、音域廣度、節奏快慢、詞意難度、動作活潑度等等應掌握之外，教師們亦可以搭配現成樂器或是教玩具一起合併使用。根據教育部於2016年公布的教保活動課程大綱的內容，音樂節奏、旋律或以歌唱為主的藝術表現均屬於美感領域的音樂範圍，幼兒園所的教師並不需要刻意製造很複雜的情境來帶領音樂活動的進行，學前階段的幼兒只需要快快樂樂地隨著音樂的旋律節奏，自然而然地將內心的情緒藉由身體表現出來，當他們感覺快樂或遇到挫折、難過時，如果可以藉由自己的身體，或是日常生活當中可以發聲的物品，以敲敲打打的形式表達出來，即會對他們產生正面的影響。教師的角色就是一個能提供孩子輕鬆、愉快音樂經驗的情境設計者，尊重每個幼兒在藝術表現上的個別差異性，以及如何透過引導方法引發孩子們的學習興趣，也正是教師所要設計的課程方向之一。

在幼兒園日常教學活動中，以每日可進行的唱遊課程為例，幼教老師除了搭配樂器伴奏之外，也可以自備音樂教具或是搭配生動的故事，引起幼兒學習動機之後再進行唱遊活動。同樣地，韻律活動亦可與教具製作課程結合，例如：讓孩童模擬日常生活的事物，如開車，或是模擬動物的動作，如小白兔跳跳跳等動作時，教師便可以和幼兒一起討論設計相關教具，像是方向盤、面具或是頭套。節奏樂器方面，則建議師生可以利用生活周遭方便取得之簡易素材自行製作，一般可用生活用品類的資源直接作利用，例如：鍋、碗盤、鎖匙、瓶罐、湯匙、瓶蓋、洗衣板、貝殼、竹筒、盆類，不同材質敲打出的聲音響度亦不同，均可以嘗試看看。一般常見的自製音樂教玩具有手搖鈴、鑼、喇叭、鼓、沙鈴、響板、吉他、波浪鼓、風鈴、手搖鈴、弦樂器、鈴鼓等。教師帶領幼兒一起動手創作音樂玩具之後可玩一些音樂

遊戲、組成小小樂隊合奏或是合演一齣音樂劇，整場一定會充滿歡樂的氣氛。因此，提醒老師們別忘了隨時蒐集身邊可用的資源及發揮創意的點子，讓師生一起從製作樂器的樂趣中激發對音樂的興趣。

三、常識領域教具

　　幼兒園早期的常識課程主要包含自然科學、社會科學與數學等三個領域。在自然科學領域方面，幼兒的主要學習目標是探索其周遭環境中的自然現象；社會科學領域方面的主要學習目標是在了解大家共同生活的社會情形，以及培養適應社會的各種能力；而數學領域的主要學習目標則在培養日常生活中有關數、量、形的基本概念（徐照麗，2003）。根據教育部於2016年所公布的教保活動課程大綱內容，將常識領域課程的範圍及學習面向作一統整，將幼兒學習自然科學領域的自然現象，涵蓋在認知領域範圍內；社會科學是指人文環境、自然環境現象的探索，涵蓋在社會領域範圍內；而數學領域則是特別強調是屬於幼兒常接觸之生活中的數學，其面向亦是屬於認知領域的課程範圍。以下分為三個方面敘說此三類課程領域的教具製作模式與運用方向。

（一）社會課程領域教具

　　社會領域課程教學內容包含的範圍很廣泛，一般而言會從正面自我概念出發，進入到家庭、社區、整個社會、國家，舉凡一切與幼兒日常生活發生關係的生活環境都包含在內，所以教師可以設計與幼兒產生社會互動性的教具以加強相關概念的認知。

　　社會領域教材內容包括了三個學習面向—自己、人與人、人與環境。有關於自我概念、個人日常生活習慣態度的建立以及關懷尊重他人行為，教師可以設計社會行為類的相關教具，例如：自我小書、面具卡、立體故事書；有關於加強幼兒對於外界環境事物的關懷與尊重或是尊重多元及生命等等，老師均可以透過扮演類教具或是偶類教具進行角色扮演、扮家家酒或是遊戲活動的方式強化相關概念；另外，對幼兒感到重要且有意義的節慶節日或民俗文化也是

教學活動內容中不可或缺的要項，老師更可以一起帶領幼兒甚至安排親子活動一起來製作節慶類教具或是鄉土童玩來增添學習氣氛（請參閱第二篇實作篇之第三章）。

(二)自然課程領域教具

人類生活離不開自然，幼兒在對大自然的探索，除了用感官感覺與其接近之外，老師們也可以安排創造型態的活動，讓幼兒從中發現、觀察和體驗並獲得經驗。在幼兒園自然課程領域的教學內容包含對一般自然現象的認知、自然現象訊息的蒐集及自然環境的觀察、認識大自然中的存在物質等等，教師可以多從這些方向著手，再利用科學原理與方法，配合孩子的興趣及發展程度，設計合宜的教具。在取材上盡量以孩童身體可以直接感受到為原則，透過親自體驗感受，從操作及探索中學習，依據自然科學教學活動中的教學技巧，盡量讓幼兒能參與到活動中的每個步驟，從享受遊戲的樂趣中接近自然科學。

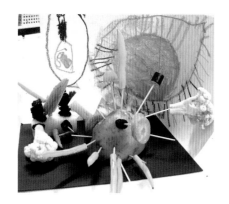

幼兒園自然科學教具的設計方向應多樣化、隨手可得、可隨手製作、可觀察或操作，因此教師可以設計的相關教具如：觀察教具有萬花筒及留影盤，實驗教具有物品浮沉、蝴蝶飛靜電、竹水槍、傳音筒的實驗教具，種植養殖相關資源教具、圖片圖卡教學媒體、採集植物標本的製作等等。

需要提醒的是，當教具製作完成之後記得要安排足夠的時間給予孩子自由操作，因為在操作遊玩的過程中，教師不僅可以評量孩子使用教具的實際狀況，也可以和幼兒互動討論遊戲（教具設計）的原理，激發幼兒的思考能力及豐富孩子的創造力。

(三)數概念課程領域教具

「數」對於幼兒而言雖然是抽象的概念，但是卻無所不在地出現於幼兒的生活當中，成人更應隨時把握機會，進行隨機教學，因此，幼兒園教保活動課程大綱（教育部，2016）認知領域的「生活環境中的數學」還特別提到，數學必須應用在生活環境中的

事物才具有意義。教師除了依靠平面的紙本教學以外，還可以利用多樣性的媒材，創造有趣的情境及操作性教具引領孩子玩各種數學活動，培養解決問題的能力，例如：賽跑比較快慢或是摺紙飛機教具比較距離遠近等等。

　　一般而言，學齡前的幼兒數學教具應該要有具體的實物操作，藉由各種學習活動以增強幼兒在分類、配對、記憶、空間距離、數、量、顏色、大小形狀、時間、物體單位名稱、順數倒數等相關概念，建構幼兒對數的能力並促進數概念的發展。建議教師可以針對幼兒的年齡及各班級的教學目標，自行設計符合生活中數學概念相關的教具，教具設計的考量應與幼兒的生活經驗相結合，例如：數字手指偶可運用小朋友們喜愛的卡通人物、動物或是運用布偶做搭配，再穿插一些有趣的情境相配合等等。一般製作既簡單又符合經濟成本的幼兒「數」教具類型有立體形狀拼圖、骰子賓果、圖形接龍卡、七巧板、幾何圖形釘板、對應圖卡、阿拉伯數字卡、序列圖卡、掛圖、紙製積木、接吻配對紙牌、點數卡。

　　建議老師們在帶動幼兒學習力時，靈活搭配教具使用，避免用抽象的數學符號、單純的紙本作業，或以填鴨的方式取代生動的遊戲教學。

四、健康領域教具

　　幼兒健康領域方面的主題範圍很廣，包括有幼兒園教保活動課程大綱（教育部，2016）社會領域的自我照顧、學習行為，情緒領域的心理健康，及身體動作與健康領域的生活自理技能培養等相關內容。教師除了可教幼兒認識全身的部位、名稱與功能之外，提升自我概念課程的設計也是規劃的重點之一，例如：可以嘗試設計面具書或是情緒卡片等相關教具以加強自我概念的認知，教師除了能把握時機進行機會教育之外，可以多利用相關圖畫書、影片、角色扮演教具的方式來使教學生動活潑化。

　　此外，幼兒自理能力的建立亦是學齡階段應要培養的任務之一，可以讓小朋友們學習自己照顧自己及保健的方式，例如：學習自己用餐、刷牙、穿脫衣物及鞋襪，及學習整理自己的物品和棉被，並且增強自己解決問題的能力及挫折忍耐力。當幼兒自理能

力形成了，依賴性也就相對的減低了，責任感及自信心也會提升。根據劉翠華(2007)提到，教師在設計生活自理教具時，一方面要訓練幼兒肢體活動、刺激神經達到手眼協調的發展；另一方面，則要培養幼兒自理能力，獨立生活的自信及次序的觀念，以培養幼兒在日常生活中，學習如何生活以及處理自身生活的技能。

一般而言，幼兒自理能力類教具牽涉到的相關能力有手眼協調、小肌肉能力、手指抓握力等等，老師們在為幼兒設計教具前，可預先針對幼兒生活自理現狀及幼兒的年齡特點做觀察，才能客觀地設計出符合幼兒個別差異性的教具。在蒙氏教學中，有許多現成的教具可以幫助孩子生活自理的能力訓練，而一般幼兒園所可以在生活周遭尋找簡易的資源，自製教具來幫助培養孩子的穿、脫、綁、拉等小肌肉發展能力。相關能力類別的教具如下：黏土、串珠遊戲、拼圖、縫工編織、剪貼、迷宮圖卡、洞洞板、穿線板、釦子書、拉鍊書。當幼兒在操作教具的活動中，無形之間經由自我糾正的過程而達到教具設計的本義。

五、工作領域教具

依據民國76年幼稚園課程標準（教育部）提到，幼兒園工作領域的課程內容包含有：繪畫、紙工、雕塑、工藝等四大項。教育部於民國105年公布教保活動課程大綱的內容，將美術或工藝造型為主的藝術表現歸屬於美感領域之視覺藝術的課程範圍，培養幼兒發揮想像嘗試各種藝術媒介，進行孩子個人獨特的表現與創作能力。

有關於幼兒園常見的工作領域課程內容說明，繪畫的內容可包含：自由畫、合作畫、故事畫、圖案畫、顏色遊戲畫、版畫等等，例如：版畫即是以「版」印刷出相同或相似的畫面，利用玻璃、塑膠片、木板、黏土、紙張或是實物等製成版，再拓（壓）印成版畫，一般在幼兒園所可直接製作簡易的版畫形式，利用較有造型的蔬果，例如洋蔥、青椒、蓮藕等等蔬果的剖面壓印並讓幼兒做觀察（林敏宜等，2004）。

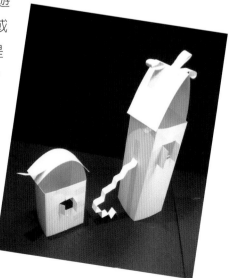

紙工的內容包括有剪貼工、撕紙工、摺紙工、紙條工、紙漿工、廢紙工、造形設計，其中廢紙工的活

動可以讓師生一起發揮環保概念，共同蒐集不同的畫報、包裝紙、紙盒、紙箱、紙袋、舊信封袋等等，製作成手套玩偶或是各種多樣化作品。

雕塑的內容包括了泥工、沙箱、積木、雕塑，例如：雕塑的活動進行可以讓孩子在肥皂、蘿蔔、番薯或是軟木上雕塑花紋，沾上印色蓋於紙張上面。

工藝的範圍則包含了木工、縫紉工、蓮草工、廢物工，幼教老師在帶領孩子進行蓮草工的教具製作時，建議選用形狀粗細不一的蓮草，並將蓮草染上各種顏色，提供合適的工具切段，設計各種立體或平面造型，如：動物、花球、項鍊等等。

幼教老師在安排相關的活動領域課程時，可以依循著這四大類型的課程內容做設計規劃。此外，幼教老師在設計教學方向時可以參考幼兒園工作課程目標，例如：滿足幼兒對工作的自然需求、培養幼兒良好的工作習慣與態度、促使幼兒認識工作材料與工具的使用方法、擴充幼兒生活經驗並培養工作的興趣、增進幼兒欣賞、審美、發表及創造的能力等等之外，還可以參酌幼兒園教保活動課程大綱（教育部，2016）美感領域的目標，例如：展現豐富的想像力、享受美感經驗與藝術創作等。

幼兒園工作領域教具製作除了可以依據教保活動的課程目標做規劃之外，亦需要顧及幼兒的生活需要、興趣及能力，可以盡量多多取用廢物利用的資源及適合於時令節慶

做規劃為宜，盡量自幼兒生活中取材，注重「原料」、避免「熟料」的教材。活動進行中，教師也必須了解各種材料的特性及創作、發揮的可能性，如此一來，才能有效地培養幼兒運用材料的能力。

幼兒園的工作領域教學創作是讓幼兒透過各類型的不同媒材，實際動手操作來完成創意造型作品。正如同上述的課程目標所言，教師

除了材料和工具的質與量能適合幼兒所需之外，還需在合宜的情境下引發幼兒的興趣及創造力，讓幼兒能盡情地自由創作，幼兒才能大膽地利用創作作品表達出自己的情緒及想法；同時成人也需尊重每個孩子的創作表現，並引導幼兒學習相互分享交流，學習互相欣賞對方，最後甚至於還可讓每個孩子留下一本小小作品集做紀念喔！

六、身體動作與遊戲領域教具

在幼兒園所中，教師可以依據課程目標設計合適的身體動作遊戲課程，並且運用教玩具促進孩童身體大小肌肉的發展，或是運用遊戲活動帶領孩子認識及學習抽象的事物及概念。根據幼兒園的遊戲領域課程目標內容（教育部，1987）提到，分別為：增進幼兒身心健康與快樂，滿足幼兒愛好遊戲心理與個別差異需要，增廣幼兒知識及擴充生活經驗，發展幼兒創造思考與解決能力，以及培養幼兒互助、合作、樂群、公平競爭、遵守紀律、愛惜公物等社會道德。教育部(2016)公布的幼兒園教保活動課程大綱的身體動作與健康領域，課程設計亦提到藉由提供幼兒各種身體活動、遊戲、律動及運動的機會，可以滿足幼兒喜愛自由自在活動的慾望。

教師值得注意的是，學齡前的幼兒正值好動的發展階段，所以若是想要比較容易引起幼兒的學習動機及興趣，讓幼兒發展基本動作的能力，及享受肢體遊戲的樂趣，建議可以多多提供促進幼兒身心健康發展的教具，以助長其教學目標的達成。

此外需要納入考量的是，製作體能教具除了需要考慮教具本身的安全性之外，進行體能遊戲的客觀條件也應評估進去，例如：進行遊戲的地點是否合適、孩童穿著是否合宜、現場成人的支援人力是否足夠、器材布景是否準備妥當等等，以至於能夠幫助孩子樂於善用各種素材及器材，進行創造性的肢體活動。

體能與遊戲的輔助媒體大部分可以直接取材運用，需要教師自製的機會較少。這些教師可以直接運用，不需自製的媒體包括三大類：

1. 固定的器材設備，如：單雙槓、溜滑梯、蹺蹺板、鞦韆、游泳池等。

2. 生活周遭易取材，且依物品既有的用途與功能運用的，例如：飛盤、飛鏢等。

3. 教師可以運用生活周遭的物品直接取材，但是可以自行加上創意，改變既有的形式加以運用的，如：報紙揉成球、寶特瓶當積木、紙箱做山洞等（徐照麗，2002）。

　　幼兒的本性是好動愛遊戲的，若是教師想要加強體能大肌肉方面課程的活動設計，不妨帶領孩子一起充分利用生活周遭易取得的資源物品創作教玩具，像是利用紙箱可做成汽車、空瓶罐做成保齡球、輪胎變成盪鞦韆等等。師生於製作過程中不僅可發揮巧思、享受創意，完成作品後更可以直接讓幼兒進行遊戲，創作的意義更勝於直接市售的教具。

　　有關於此領域可自製的簡易教具有下列各項：保齡球、紙球、神秘袋、呼拉圈、萬花筒、套套環遊戲、沙包、打擊棒、傳聲筒、觸覺板、嗅覺瓶、洞洞板、毽子、風箏、高蹺、竹蜻蜓、積木、襪球等等。在活動進行中，老師可以隨時觀察幼兒體能狀況以調整遊戲的難易度，並帶動活動遊戲的氣氛。

創意教具的種類與說明

本章節分別從一般幼兒園常見的教具型態來說明，分別為六大類：幼兒可創作的創意教具、幼教老師教學用的創意教具、節慶活動的創意教具、親子活動的創意教具、偶類創意教具、情境布置的創意教具等六大部分來談。

一、幼兒可創作的創意教具

根據許多幼兒發展理論顯示，幼兒是透過遊戲來學習，蒙特梭利博士還指出「遊戲是兒童的工作」，因此希望老師能將教具製作的活動課程帶領得像遊戲一般地吸引孩子，在玩中學、做中學的過程中，不僅讓幼兒的創造力、想像力、思考能力得以發展，還能培養幼兒的大小肌肉、手眼協調等多元能力的培養；此外，還能讓幼兒透過這樣的活動，學習與他人互動與溝通，並透過自製教玩具的創作過程，培養出幼兒好奇探索的精神和自發性動手操作的能力；因此，教具製作的課程的確是值得幼兒園大力推動的活動。

一般而言，幼兒在自製教具的過程中，可以培養的能力如下：

1. 精細動作的發展：

幼兒手部各種動作的發展與身體的發展相關，都有一定的發展順序。孩子必須在大肌肉發展成熟後，才能做好小肌肉的動作。一般而言，幼兒的小肌肉動作發展相對於大動作的部分，好像並不是那麼容易被觀察出來，然而當幼兒在進行簡易的教具製作工作時，幼兒其實已經在發展他們的小肌肉能力了。小肌肉能力發展對幼兒而言是十分重要的部分，因為這些能力的具備是他們未來書寫、使用工具（剪刀、筷子）及抓取物品的前備技巧。根據研究調查顯示，現代孩童在肢體動作上要比從前的人笨拙得多了，甚至於有許多幼兒連使用剪刀或削鉛筆的基本工作都不太熟練，原因往往都是大人或是機器幫忙代勞，父母過度保護的結果所致，孩子則懶得花心思了。因此可能導致孩子動作發展遲緩或是個性怠惰，甚至產生肌肉發展張力不夠的現象。

　　每個人小肌肉的發展除了仰賴先天神經系統的成熟之外，後天的練習經驗也很重要，所以建議老師或是家長平日可以多給予幼兒實際操作物體的經驗與機會，對於小肌肉操作能力的發展是很有幫助的。同時在訓練幼兒小肌肉能力發展方面，為了能使孩童有健全的手部發展，在學齡前階段除了可以安排玩黏土、摺紙等遊戲之外，也可以提供一些平常生活中隨手可見的物品拿來運用，讓幼兒自由地操作遊戲，例如：湯匙、瓶罐、繩索、釦子、空盒子或是使用一些基本工具等等，多多放手讓幼兒自己動手，訓練孩子們的手指或手腕靈活度，為日後的身體發展奠定良好的基礎。

2. 感覺統合能力的發展：

　　感覺統合是指機體在環境中有效地利用自己的感官，從環境中獲得不同感覺通路的信息，如：視覺、聽覺、味覺、嗅覺、觸覺、前庭覺和本體感覺等等，輸入大腦之後，大腦對輸入信息進行加工處理，並做出適應性反應的能力。我們本身的反應又是一個新的回饋刺激，提供大腦有關我們行為的信息，幫助我們發展出更有效的行為反應。藉著這種持續不斷的感覺統合過程，大腦的分工越來越精細，功能越來越好，個人的學習能力和適應能力也就越來越強。

　　當胎兒還在媽媽的子宮裡面時，便已經發展出聽覺和觸覺能力了，所以當寶寶呱呱落地後，照顧者和寶寶之間的互動，都會影響著寶寶的感覺統合能力的發展。寶寶藉由模仿大人的動作，自己也會想去抓取物品，進而練習手部的抓握能力，此外再加上視覺、聽覺、觸覺能力的發展，便能逐漸刺激手眼協調能力的發展。

　　孩童許多學習能力的建立，都必須仰賴感覺統合的正常發展，因此老師在設計相關課程及活動時，尤其需要特別用心，才能幫忙建立孩子這一方面能力的發展，及有效輔導改善感覺統合失調的問題。有越來越多家長關心小孩的特殊學習障礙的問題，例如：協調障礙、書寫困難等。有專家建議透過遊戲，甚至家務，可以有助於孩子克服學習困難。的確，遊戲是可以訓練手眼協調及減少兒童學習障礙，教師可以在設計幼兒自製教具活動的過程中，多多安排一些手部動作技能的課程，以促進幼兒手眼協調的能力。

所謂「手眼協調」(visually directed reaching)，指的就是手和眼睛要相互配合，例如：將玩具收到籃子裡，孩子的眼睛和雙手必須要能相互配合，才能順利完成這項工作。意指是一種視覺引導的伸手動作。而許天威等(1988)則認為手眼協調是屬於知覺動作的發展之一，指的是一個人能夠經由充分了解他所看到的來配合動作表達的能力（劉翠華，2007）。幼兒動手自製教具的確能促進手眼協調的發展，實體教具製作比較有真實的感覺，幼兒會透過手的直接觸摸，增強其手部的智能訓練，進而促進大腦的認知發展，在他們實際用手部操作過之後，也會比只是用眼睛看或是用想像的，來得更讓人印象深刻；此外，掌握好幼兒動作發展的關鍵期，由老師或家長提供簡易適當的材料，帶領幼兒透過實際動手做教具的經驗與體會，將手部遊戲有趣地融入生活當中，例如：將通心麵串成手鐲、玩各類摺紙遊戲、從事編織活動、設計串珠造型項鍊等等，使其做好基礎的身體動作和協調的能力，無形中提升了幼兒雙手的靈活性！

3. 語言字彙能力的發展：

幼兒學齡前階段是語言發展重要的關鍵時期，以蒙特梭利博士教育理念之幼兒語言學習的觀點為例，她認為人類語言的獲得是從出生之後由環境中獲得的，孩子自出生之後就有吸收語言的能力，而且能夠分辨環境中對他（她）有意義的聲音。既然這個時期是語言發展的敏感階段，若是幼兒能透過自製教玩具培養對語言的興趣及表達的慾望，即可掌握學齡前階段的語言發展黃金關鍵期了。

學者認為幼兒教具對幼兒的語言發展有十分重要的代表意義，藉由教具作為媒介物，鼓

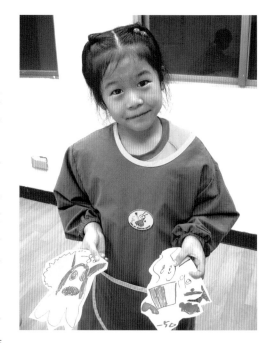

勵其開口表達，不僅可以溝通想法及轉述概念，經由與他人的互動中更促進了幼兒社會化行為的產生。此外，具有目標性的教具亦可協助幼兒情緒及認知方面的發展，藉由教具的運用可以讓幼兒透過語言表達其情緒的需求，以及反應其認知與智力發展之程度。

幼教老師在引領幼兒自製教具的活動中，除了在過程中應該多給予幼兒輪流發表與分享意見的機會，並引起幼兒學習動機及興趣，除此之外，還可鼓勵幼兒利用自行完成的教具表演或是玩遊戲，讓幼兒在遊戲中學習用語言表達，學習與他人溝通互動，自然地經由口語表達的練習而增加了語彙的能力。

4. 創造思考能力的發展：

無庸置疑，每個幼兒都是喜歡玩玩具的，而多數時候，大部分的幼兒也喜歡自己動手創作或是組裝東西（玩具）。舉例而言，孩子在玩沙坑的時候，可以利用沙堆做出多樣化的造型。由成人的角度來看，這些活動的過程不僅僅只是遊戲，幼兒也同時正在發展他們的智力與創造思考能力。

教玩具和活動反映了幼兒特定年齡階段特有的興趣、需要和學習特點。建議幼教老師可以將教具製作活動規劃在正式課程當中，老師可以依據目前正在進行的活動主題與幼兒一起自製教玩具，順便布置學習區情境，這樣一來，家長一方面可以直接欣賞孩子的作品，另一方面老師們不需要另外花費太多課餘時間製作教具或是進行情境布置，以上這些因素都應評估在內。

教師在進行創作活動之前，可事先做一個教學引導，例如：先唸一個故事書、玩個小遊戲等等，以激發幼兒的學習動機及興趣。

幼兒在自製教玩具的過程中，教師可以帶領幼兒共同思索教具呈現的型態、設計顏色花樣、找尋合適的製作材料、評估不同的玩法等等；設計方向不適宜時要想辦法重新創造替代法，或是找尋資源翻閱資料、商討解決問題等等。整個創作過程都可以幫助幼兒學習思考、啓發創造力。而當成品完成之後，幼兒往往會非常有成就感，迫不及待要與自己的親人、友伴分享，也因此增強了孩子自我的信心和成就感。

二、 幼師教學用的創意教具

為了配合單元主題或教學活動，老師可能需要事先構思並計畫、設計及製作出多款的教具以供課程需求使用。如同前面內容提到，教師可考量課程內容的領域，發展出合適主題的教玩具。

當然，教師除了為配合課程領域及活動內容而設計出符合孩子的教玩具之外，還需要考量如何能吸引孩童的注意力，以及教玩具的使用創意，否則老師花了大量的時間與精力製作出來的教玩具，未能得到孩童們的青睞，心血就白費了。

此外，教師也可設計一些跳脫單元主題卻仍舊符合教育價值的多項教具，例如：生活常規知識、語文溝通能力、生心理發展概念、節慶認知、衛生安全常識、自理能力培養等教具。

值得老師們注意的是，教師能否恰當使用所設計製作的教玩具，亦直接影響到幼兒學習的主動性、專注性，教玩具在教育過程中能否充分發揮其教育價值是一個值得探究的課題。

一般而言，教師在製作教具時須考量的因素如下：

1. 教玩具設計要適合幼兒的發展年齡特點，及滿足個別差異性

幼教老師自行在製作幼兒教玩具時必須要根據幼兒的學習特點及成長規律為出發點，滿足幼兒的個別差異性。因為大部分的制式化教具都是以中等學生的程度設計製作的，並不能完全符合每個幼兒的個別差異，因此教師在自製教具時，要盡可能使教玩具所具備的特色具有可吸引幼兒自行動手操作、想玩的慾望，以發揮自主學習、寓教於樂的功能。

2. 教玩具要配合課程需要，並且能夠達成一定的教育目標

教師在製作幼兒教玩具之前，要先考量教具所要配合的課程活動及要達成的教學目標，一旦教學目標明確了，才能開始建構教具將要呈現的形式。一個設計良好的教玩具將會是老師最得力助手，無形中幫老師加分許多，所以老師們在設計及製作教具時，一定要盡量發揮它的最大效用。

再次強調，教具除了能具體表達教與學的功能之外，一定要有讓孩童反覆操作的機會，切記不能只是單純地擺設情境布置而已，務必清楚地透過課程設計以傳達實際教育目標及需求，且讓孩童也可自由地操作學習。

現今市面上教具成品樣式眾多，可供幼兒園所自由搭配主題課程選擇使用，但是教師仍舊樂意自行製作教具，原因為何呢？幼兒園教師自行設計與製作教具的優點究竟有哪些呢?根據劉翠華(2007)提到，教師自製教具的原因及優點可分以下三方面來看：

1. 整個幼教環境：

(1) 能夠直接提升幼教教學品質。

(2) 能夠促進幼教教師研究發展的動機。

(3) 能夠跟隨時代變遷、環境的更迭，以及教育的改革與發展。

2. 教師本人：

(1) 實踐個人的理想與教學進度。

(2) 發揮教學、研究與發展的精神。

(3) 增進教學技能。

(4) 強化教學熱忱。

(5) 愛惜物力。

3. 幼兒本人：

(1) 安全又符合幼兒尺寸的教具。

(2) 配合年齡、興趣、需要、能力的教具。

(3) 手腦並用的機會。

(4) 操作教具的樂趣。

(5) 自信、滿足與成就感。

(6) 物盡其用、愛惜物力的美德。

(7) 享受有秩序、有條理的使用與收納教玩具。

　　基於上述這麼多原因及優點，自製教玩具已經變成了幼教老師需具備的基礎能力了，當幼教老師在動手做教具時，不僅帶給幼兒極大的樂趣，同樣地也豐富了自己的教學內容、滿足了自己的成就感，何樂而不為呢！

三、節慶活動的創意教具

　　節慶的課程安排和教學是幼兒園教學課程中重要的一環，因為對幼兒而言，節慶的經驗是歡欣的、好奇的、期盼的、有別於平常生活的，還可以接觸到不同的人、事、物及文化等等。節慶代表家庭、社區、文化生活中一段特殊的日子，尤其節日對許多人來說深具意義，它所代

表的是對家庭和朋友的經驗、感情、和記憶的融合。許多節日所隱含的記憶是正向的、溫暖的；節慶製作出許多回憶，就如同瑞吉歐學校大門上其中一個標示上所寫的：「我們是朋友，因為我們有共同的記憶。」（林乃馨等譯，2004）。老師們若是能將節慶的活動融入教學中，不僅能讓幼兒體驗到節慶的特別，還能幫助孩子對於節慶的意義與由來有更進一步的了解和體會。

究竟在幼兒園所的老師們要如何帶領節慶類主題的活動呢？老師可以先和幼兒進行相關主題的討論，向孩子介紹我們日常生活中的重要的慶典，或是小朋友會在這些節日裡，從事哪些有趣的活動？幫助幼兒對節慶的意義與由來有進一步的了解和體會。在老師帶領幼兒進行討論及進行主題教學活動時，亦可以設計不同類型的教具做為輔助工具以加強教學效果，教師可藉由節慶教具的分享與製作，讓孩童們更加了解中西方節慶的不同，以幫助體驗節慶類活動所代表的意義，並和幼兒一起統整對節慶的生活經驗。

老師在規劃每學年的課程時，記得事先須將節慶的課程內容列入教學計畫中，若是須事先製作大型或是多樣教具來營造節慶製造氣氛時，則可提早做準備；例如：萬聖節服裝及道具、聖誕花圈、新年獅頭等等（可參考本書第二篇實作篇第三章之內容），因為此種類型的教具製作無法於短時間完成，所以老師可在教室安排一個適當的位置放置該教具，並安排適宜時間讓孩子分次完成。幼兒園可以進行的節慶類教具活動有很多，藉由節慶活動教具的製作，除了可增進幼兒相關經驗的學習之外，亦可讓幼兒體驗這些特別節慶與我們生活密切的關聯性，並拓展孩子的文化視野。

此外，教室布置是最容易與生活經驗相結合的，園所可以配合節慶的到來以結合情境布置的設計，例如：聖誕節時可掛上自己裝飾的聖誕襪、放置聖誕樹及自製小鈴鐺；新年時裝飾幼兒作品，如春聯、掛上鞭炮；端午節掛香包、粽子及艾草等方式。將師生完成的節慶教具，配合相關的節日做為有意義的情境布置。

一年內的傳統節慶太多了，甚至還有文化的差異性存在，例如：復活節、萬聖節、感恩節等等，但是並非所有的節日慶典都適合列入教保課程中與孩童做分享討論，像是

情人節、復活節、青年節、臺灣光復節、重陽節等，幼教老師可以依據班上孩子的興趣與理解力，挑選出合宜孩子年齡發展、能力、經驗的節慶類教具活動，將其安排在該節慶來臨之前，事先規劃好教學內容，讓孩子透過教具更能夠深刻地感受節慶背後所具備的由來與意義。此外，要提醒老師們的是，在製作教具時，我們常常聽到一些有關於幼兒被恐怖面具或可怕教具嚇到的例子，此點須特別注意，尤其是有關於萬聖節的相關教具，希望能盡量以有趣俏皮的方式取代奇裝異服、恐怖氣氛為佳。

　　關於每一階段的節慶教具，老師們皆可依照班上孩子的能力來選擇由幼兒自行製作教具或是由老師幫忙製作教具，不論採取何種方式，重點都應放在師生開放性的互動過程及創意的呈現；教師在美感造型藝術課程中應盡量地提供節慶和非節慶的材料，讓孩童們自由發揮創作。總之，將節慶所表達出來的氣氛，透過節慶教具的呈現方式，布置在教室或校園中，更可增添節慶佳節的樂趣！

四、親子活動的創意教具

　　親子教育的施行不一定是在很正式、嚴肅的形式下才能進行，若是為了幫助了解孩童的性情，而做了有計畫的親子活動的設計，不妨亦可以安排父母與孩子們一起在有趣好玩的情境中一起進行遊戲或是活動，增加彼此之間的默契情感、學習相互尊重、一起共同成長，也是不錯的方式。

　　例如：幼兒園所可以安排親子一起合作的教具製作活動。在教具製作呈現部分，有些教具的複雜度及難度較高一些，需要由成人幫忙從旁協助引導；或是某些教具本身具有裝飾性或實用效果，完成後即可直接布置家裡；因此，幼兒園所內的親子活動則可以考慮每個學期除了舉辦靜態性質的活動模式之外，亦可舉辦親子之間一起互動操作的教具製作課程，例如：大手帶小手動手玩創意、親子教具DIY的活動等等。

　　透過此類型的研習課程，除了可以幫助平日忙碌於工作的家長放下腳步，利用這段時間可以順勢觀察一下身旁的孩子身心發展的狀況之外，親子之間還可互相了解彼此雙方的性情，學習相互包容，以及藉此共處機會以增進親子之間的感情，建立和諧的親子

關係，家庭教育與學校教育的目的自然可結合在一起了。

　　此外，教具製作亦是一個讓親子雙方從「做中學」的活動，在這段親子互動的學習過程中，作品的呈現亦可以讓彼此在有限的資源下盡情地發揮創意而合作完成，對親子而言，在這段親密互動的過程中完成的作品，其具有教育功能的意義，亦是兼具了親職教育的功能性了。以下有關親子活動的實施原則，說明如下：

1. 尊重與平等的參與地位

　　家長和孩子一起參與在親子活動中，家長不可以任意剝奪孩子參與製作作品的權力，或是用成人的價值觀去評斷孩子作品的好與壞、美與醜，二者地位是平等的，甚至必要時，家長只是輔助者的角色。請注意，家長的角色不能是處於高高在上指揮家的地

位，更不能讓自己的寶貝和其他家庭孩子互相做比較，每位小朋友的作品都應該是獨一無二的。

2.開放式的引導態度

　　活動進行時，家長可以視作品的設計造型及特徵，盡量以一些開放引導的語句來激發幼兒的創意及靈感，讓幼兒的作品有更多自由發揮想像的空間，同時也讓孩童在活動中感受到創作的快樂。在活動進行與幼兒互動過程中，家長亦學習如何與幼兒溝通，無形之中，幫助父母作為一個良好溝通者與傾聽者。

3.親密關係的增進

　　平日家長也許忙於工作以至無暇與孩子一起從事活動，而父母親又可能無法扮演如大朋友或玩伴一般的角色。因此，藉由活動過程中呈現出的親子關係不僅可帶給雙方極大的樂趣以外，孩子在此寓教於樂的親子互動過程中亦能感受到來自家長的支持，家長則能夠體會親子交流時刻的幸福。

當然，除了幼兒園所製造的親子活動情境教學之外，一般家長亦可以在家利用生活周遭容易取得的生活用品資源，像是紙盤、紙板、碗筷、毛巾、瓶罐、紙張、牙刷、吸管、紙盒、海綿等等，和孩子們一起想一想，「變」一些小玩具玩玩看，親子合作、創意無限，相信一定是超有趣又難忘的經驗！作品完成後，對親子兩者而言，一定很有成就感，別忘了，可保存起來作為永久的紀念喔！

五、 偶類創意教具

學齡前的幼兒很喜歡玩扮演遊戲，並可藉由扮演的活動增進語言表達的能力，及抒發情緒、情感表達的目的。其中偶類型的教具更是深受幼兒的喜愛，在「偶」的世界中充滿了想像力、創造力，不難發現，幼兒會透過偶類型的教具自編自導自演，唱作俱佳呢！

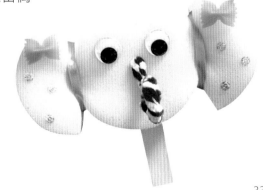

究竟什麼是「偶」呢？ 一切任何可由人移動的物品都可謂之「偶」。偶與非偶之間的差異，並不在於他是否具有人形或動物形，而是在於他有沒有生命現象！有生命卻不一定要有人形，就可以稱為偶。擺飾的洋娃娃則是有人形而沒有生命，但當我們拿洋娃娃把玩，替她創造出一種生命現象與性格，她就成為偶了。因此，偶的生命是要由把玩的人所賦予，不管是用手、桿子、繩、線都好，只要是能使沒有生命的物體，展現出他的生命現象與性格，那就是在操偶了！由上述的定義來看，沒有什麼東西是不能拿來當偶的（徐照麗，2002）。

雖然市面上已經有多樣且精美的偶類型教具，但是價格和實用性卻不一定符合教師實際課程的需求。因此，建議可以盡量利用身邊容易取

得的資源，配合適合的圖樣來做自己想要的各式造型偶，不但符合經濟效益，也能達到自己想要的效果！偶類型的教具素材非常廣泛，事實上任何東西都可以做成「偶」，偶類教具的材質不一定僅限於布質類（襪子、手套、布料、圍巾、衣物、毛巾、手帕、拖鞋），其他如紙類（紙盤、紙袋、紙杯）、回收塑膠類（盤子、杯子、湯匙、球池球）、瓶罐類（養樂多瓶、寶特瓶、玻璃瓶）、木棒（木片、壓舌棒）、毛線、色筆、雨傘袋、寶麗龍球等等均可。

至於偶類教具的操作方式為何呢？偶類教具是操作者配合語言、肢體動作、燈光、音樂等，讓呈現的偶具栩栩如生，更加生動活潑（浮絲曼，2006）。表演者（老師或幼童）常常會即興地自由發揮起來，此外，偶戲台也很容易搭設，甚至於整間教室均是可表演的空間。但是教師必須注意在操作偶類教具的動作必須要誇大明顯一些，角度多面向，以確定每位幼童均能看的清楚，而當老師手持偶時，要讓偶的肢體保持直立向前，盡量不要讓偶身傾斜向下。若是有配合語文教學的部分，可以因應故事情節需要，注入角色情緒及給予合適語言及聲調節奏，此種演出的情境可以提高幼兒對語言的感覺及意識，並發展他們的語言表達能力、情緒掌控能力。

「偶」類教具是很好用的教具，不論在教學活動、親子同樂、布置環境等，許多場合都可派上用場，尤其在幼教老師教學上，拿來營造教學情境、活絡教學氣氛，各領域教材教法都可運用。老師可以依據幼兒不同的發展階段、對生活周遭所感興趣的人事物、或是配合教學主題來設計適合孩童的圖樣做出合適的手偶，不但省錢，也能達到想要呈現的效果。當然教師亦可以讓小朋友自己利用各式不同材質所製作的手偶來進行角色扮演或玩紙偶劇的活動。雖然市面坊間已經有各式多樣且精美的手偶教具販售，但是價格和實用性卻不一定符合園所課程實際的需求，因此教師可以在設定課程

教學目標的情況之餘，不妨評估決定自行設計及製作出合適又有趣的教具偶，提供給幼兒們操作使用，或是提供充足的材料，在適宜的情境下帶領孩子們一起動手完成屬於他們個人具創意的「小小作品」喔！

六、情境布置的創意教具

西方學者杜威曾說：「要想改變一個人，必須先改變其環境，環境改變了，人也就被改變了。」環境教育在整個教學活動中所扮演之角色是十分重要的，而直接影響環境教育的實施便是教室裡的布置陳設！

在幼兒園所裡的情境布置一直是教學活動中十分重要的階段，任何外在資源幾乎都是以幼兒眼睛所看到的範圍，來啓發他們的好奇心。藉由清新及適宜的情境布置讓整個學習的空間變得更活潑，此外，可以讓幼兒們互相欣賞美好事物，以及擁有一個最佳的作品分享天地，而身處其中的孩子們更可以充分的感受到環境布置的新鮮感，體會視覺和空間上的變化，無形中也提高了參與度及學習的效果。

教室情境布置的多元化教育功能除了在於能提供一個像家庭一般溫馨的地方，並且還能提供教師教學及幼兒學習有力的輔助效能，既可加強整個班級的凝聚向心力，使整間教室變成師生互動的共做、共玩、共學、共享及共賞的活教室。當然，教師是整個班級的靈魂人物，他（她）所設計的課程之良窳，可決定是否能吸引孩子們的注意力；處於學齡前時期的孩童們正屬於好奇心最旺盛、接受度最強的時期，若是老師這時能夠善加運用幼兒園所的情境布置來輔助日常生活的教學，即所謂的「生活」就是「學習」，那麼孩子的學習效果定是自然而然地成長。

幼兒園整體的空間設計、顏色、照明、溫度、和布置是構成教保環境富有親和力

的重要因素，在現有的硬體建築及設備不能改變的前提之下，教師必須努力嘗試，以新的觀念和做法，致力於教室情境的設計，突破教室設計常規，師生共同營造一個學習的家，使教室成為一個適合於學生「學」及教師「教」的理想情境。

至於情境布置要如何規劃才算合宜呢？一般幼兒園所的老師們除了規律的班級教學及教導照顧小朋友之餘，有些老師還要身兼許多繁重的行政工作，實在很難有多餘的心力再去構思園所的情境布置；縱使有心，有時也無法掌握布置的方向，抑或在布置上缺少一致性。最後往往會發現情境布置一學期甚至一學年後，只要作品未損壞就鮮少有過太大更動。

為此，教師該如何減少教師花在教室布置的時間與心力，又收事半功倍之效呢？建議老師可以善加利用「可回收資源」來製作班級的教學情境布置，並且將教學主題自然地融入日常生活中，讓小朋友在輕鬆、無壓力的情況下學習。若是能妥善保管幼兒的作品，並且能配合教學主題加以布置，隨著季節及節慶做變化，採用多樣豐富的布置來活化教室，肯定能讓教學之意義及教育成效倍增。

幼兒作品往往極具創意，建議可由老師紀錄日期、創作者及協助幼兒加註說明，並設立專用的展示空間。豐富且創意多變的教學情境布置，將讓孩童隨時隨地對學習充滿新鮮感，且相信對於每日身處於舒適、清新教室之中的幼童而言，更是陶冶性情與培養靈敏觀察的重要泉源喔！當然須再提醒老師們，教室情境布置不能只是裝飾與點綴門面而已，如何配合教學單元內容之需求，並且適度及適時地布置與課程相關的輔助教學資源，才能符合時效性以及達到實用性。

有關於教室情境布置之原則，分述如下：

1. 師生共同參與

　　教室是師生共同生活及共享的園地，因此，在情境布置時，建議由師生共同設計，並以孩子們的作品為主軸，且務必讓每個孩子享有均等的機會與權力來參與情境布置，盡量避免只由少數孩子承擔。當然，教師亦可站在從旁輔導的立場，適時的提供協助，相信家長們會樂於看到自己孩子的作品公開呈現，而孩子亦會產生自信心及滿足感，更達到做中學和珍惜布置教室成果的目的。

　　情境布置雖然是師生共同的責任，但是有時也可以邀請父母親一起來共同協助，以促進親師合作與互動感情之維繫，讓孩子亦能體會到來自家長的關愛和參與。

2. 環保回收資源再利用

　　教室情境布置的內容物有時需配合課程主題或節慶而需要經常更換，因此園所可以將需要的材料和經費列入考量，有些資源可直接購買現成材料，但是原則上先以日常生活易取得之資源為優先考慮。

　　師生共同發揮創意製作，將環保類成品加以變化，製作成好玩又有趣的玩具，如此不僅可以幫助園所達到經濟效益，將資源整合再利用，又可發揮孩子的想像力及創造力，提供孩子做中學的機會，並且了解團體合作及懂得善用資源等，真是一舉數得，富有極大的意義。其實教具製作不一定就是要投入大成本，事實上，我們身邊有許多的

資源都是唾手可得的,甚至大部分都可以廢物再利用,多多鼓勵孩子嘗試不同的媒材,進行原創性的自我表現,只要花些心思,小兵也能立大功喔!

3. 尊重及讚美的態度

　　教室情境布置所陳列的作品,不應用成人的價值觀去評斷,不論孩子作品的好與壞、美與醜,每位孩童的作品都應該公平公開地展示在教室的布置空間中,人人都應受到尊重及鼓勵,如此才能稱的上是人性化的教育。教師可以做到的是用正面言語及創造性的教學法來鼓勵幼兒獨立創作,並尊重他們的個別差異性。幼兒在創作過程中,常會發生不同的問題,例如:缺乏自信,或是下筆時擔心害怕畫錯,而央求老師代為幫忙;或是有些孩子做一半就不做了,便說:「我畫完了。」,當然我們對於幼兒的創作,皆會抱持尊重孩子想法的態度,至於作品的完整性,通常會以幼兒個人的學習態度、個性來做評估。老師不能用強迫性或要求性的方式,反之可以用鼓勵與引導的方式,以免造成孩子反彈的情緒產生,對教具活動有所反感。請切記,不要為了討好家長,而幫忙一些發展程度稍慢或有自己想法的孩子「畫蛇添足」,小心可能抹煞了一個小小藝術家的誕生。

4. 安全性與整體性

　　幼兒平日在園所中以室內活動所占的時間居多,而教室更是幼兒每日生活的地方,因此教學用具及玩具器材須特別注意其清潔與安全性。教師應該定期檢視、清理、維護及更換相關教具及遊戲器材,以確保兒童在使用時的安全。例如:布置物應避免容易破損或具危險性,特別是在幼兒園所中的安全性尤其要注意,若為懸掛物務必應牢固,避免掉落而傷到人。

　　建議教師可以隨時輪流替換新的教玩具供幼兒使用,並且配合教學主題及活動,適時地布置相關的教學情境,與提供輔助的教

學資源。此外，亦應注意學習環境的整體美觀，勿造成眼花撩亂、毫無頭緒而譟動了幼兒的情緒，布置方面盡量以符合時效及達到整體實用性為主。

5. 生動化與生活化

在幼兒園的情境呈現方面，不能僅只呈現平面布置的部分，立體的布置也相當的重要，教師在布置時可將平面圖表或文字資料改為立體設計，變化造形，使其活潑、生動，以提高孩童們的注意。

假想若教室裡的布置都是以靜態的平面展示為主，呈現的方式又只停留於資料的張貼，或是像單調的生活公約條文、不加修飾的文字資料等等，對於幼兒而言將顯得過於平淡乏味、不夠活潑生動，如此的布置連引起成人的注意都很困難了，更別說能引起孩童們的注意力和想要觀賞的興趣了。

舉例來說，園所內常見的布告欄也可做設計，教師可以帶領幼兒嘗試用各種形式的藝術媒介來進行獨特的表現與創作，亦可配合著單元主題或是季節節慶的方向來設計，也是很好玩的師生合作活動。

因此，幼兒園學習空間若要一改單調乏味及內容固定的布置方式，應該要有所創新，當在進行情境布置活動時，老師可以先和幼兒進行分享討論，由欣賞的角度來表現園所內學習空間的特色，師生共同探索、搭配創意，來營造美感環境的呈現，以愉悅全園師生情意的感受。

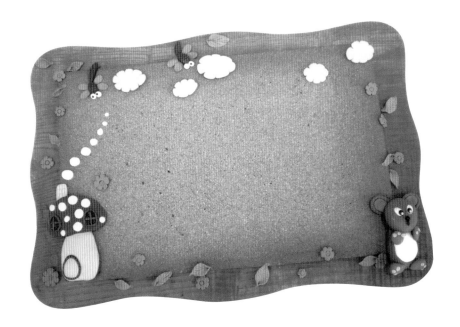

05 幼兒教具設計自我評估表
CHAPTER

由之前的章節討論,可以得知許多幼兒園教師必須自己動手做教具或是安排教具製作的活動來滿足教學目的。一個教具的製作,關鍵在於要先有良好的設計理念,根據學科內容的不同、設計思想不同,教具的製作模式當然也不會相同,而一個優秀教具的完成,確實要付出許多心力,在製作過程中會遇到各種困難,作品完成後更需要經過多次的試教與評估的過程,才能經由修正、改進以達到教具設計的本意及目的。

幼教老師在自製教具時,應該先思考整體設計製作的流程,評估過可行性以後再著手進行。一般幼兒教具設計製作的流程可規劃如下(浮斯曼,2006):

1. 分析幼兒的特性

教具設計製作的第一個步驟為分析教學對象。教學對象即是幼兒。幼兒本身的特質、能力、文化、年齡、家庭背景等,以及幼兒之間的同質性與異質性都是教師必須了解與注意的,如此才能為幼兒設計出最佳的教具。

2. 確定教學目標

教學目標可以從課程教材中直接取得,或配合幼兒的特性加以修改,或是由教師自行發展。教學目標呈現方式最好以具體形式出現,可涵蓋認知、情意、動作技能、能力培養的四大領域方向。

3. 構思教具將呈現的形式

教具呈現是以幼兒的發展年齡、教學型態、或是以課程領域來設計教具呈現的方式與場景。

4. 選擇幼兒感興趣及適合製作教具的材料

在確認幼兒年齡、了解其特性並確立目標與教具呈現方式後，最好先行整理現有素材及工具，選擇幼兒感興趣及適合製作教具的材料。

5. 著手進行製作教具

材料選定後即可依圖稿製作教具，依照圖稿撕、剪、裁、切、割、黏、貼、縫等製作技巧，開始製作出各式各樣實用的教具。

6. 試教及改進

初步完成教具後，教師必須先行試玩以檢測教具是否牢固安全，操作上能否符合幼兒的身心發展，是否合於教學上使用，以及是否能達到教學目標。教師在評量過後，必須根據幼兒反應與同儕建議，再據以做修正或是調整整體教具的設計。

7. 教具卡的撰寫

每份教具完成後，須撰寫一份教具卡，以方便老師及其他使用者參考。一般設計教具卡的形式包括有：作者、教具名稱、適用年齡、教學目標、領域、適用單元與情境、製作材料、製作過程、遊戲方法、注意與說明、相片。

8. 選擇適合的教具盒

完成的教具成品應收藏在富有內容物標籤或方型的容器內，以便幼兒取用及教師疊放貯存。建議的教具盒可利用餅乾盒或是喜餅盒、鐵盒或紙盒來製作，但為了方便拿取，以上方開口的盒子為較理想之教具盒。

9. 將製作完成的教具加以管理及給予編號分類

製作完成後的教具依其功能或課程加以分類與編號，如此將方便取用與存放。分類的方式很多，可依照幼兒年齡、課程領域、活動單元、製作

材料、或依個人習慣與喜好將教具編號分類。老師也可在盒蓋外面黏貼上教具圖片或相片方便幼兒拿取及歸位。

　　當一份玩具在幼兒手中把玩時，如何替孩子過濾適合的玩具，是一門相當重要的課題，除了幫忙孩子選擇適齡適性的玩具外，最重要的就是挑選具有經濟部商檢局合格標籤及「ST安全玩具」的標誌，通過多層的評估與測試，再提供給幼兒玩才安心。同樣地，一份教具從幼教老師手中設計出來時，先不要急著拿給孩子操作，除了自己先嚐試、實驗試玩數次以外，也可以利用「自製教具評估表」來檢視是否在自製教具時忽略了一些設計的細節，以做為教具製作的改良依據。以下為「自製教具評估表」的重要項目以供參考（林敏宜等，2004）。

【表二】自製教具評估量表

範　圍	項　目	評量結果
設計重點	1. 是否符合教學目標？	5 4 3 2 1
	2. 內容是否切合教學對象？	5 4 3 2 1
	3. 是否傳達正確的觀念？	5 4 3 2 1
	4. 是否具有多元功能？	5 4 3 2 1
	5. 是否別出心裁、有創意？	5 4 3 2 1
製作過程	1. 製作前是否先經過設計，而有設計圖稿？	5 4 3 2 1
	2. 選用的素材是否容易取得？	5 4 3 2 1
	3. 是否不必花費太多金錢即可製作？	5 4 3 2 1
	4. 製作完成後是否經過試教再修正？	5 4 3 2 1
製作態度	1. 製作時，是否能正確使用工具、愛護工具？	5 4 3 2 1
	2. 製作時，是否能節約使用材料，不造成浪費？	5 4 3 2 1
	3. 製作時，能否隨時保持場地的清潔？	5 4 3 2 1
	4. 製作完成後，是否能主動將場地恢復原狀？	5 4 3 2 1
使用方法	1. 教師及幼兒使用時，是否容易理解使用的方法？	5 4 3 2 1
	2. 幼兒使用時，是否感覺到簡單有趣？	5 4 3 2 1
	3. 是否方便使用，讓幼兒願意持續操作？	5 4 3 2 1

【表二】自製教具評估量表（續）

範　圍	項　目	評量結果
其他	1. 外形是否美觀？	5　4　3　2　1
	2. 是否堅固耐用？	5　4　3　2　1
	3. 使用上是否安全？	5　4　3　2　1
	4. 屬於測量性質者，是否精確？	5　4　3　2　1

備註：5為最高分，1為最低分

　　幼教老師在完成教具製作後，可以透過以上的評估表格做自我之檢視，並且將教具搭配於教學活動中。教師可藉著觀察教學資源的實施運用狀況，進行教學省思及評量，省思評量結果不僅可以協助教師個人透過自我改進的成果達到專業成長，亦可以依據評估結果，由幼兒個別差異中調整自我教具設計的方向。

　　此外，值得注意的是，請不要用成人的標準來評量幼兒的教具成品，幼兒的作品若是用成人的美學觀點來評鑑，就如同是讓幼兒來評鑑大人的作品一般的不公平。因此，請用符合孩子興趣及心智發展階段的標準來評估。根據孔祥慧(2004)提到，由於造型活動和一般認知學習活動不同，因此評鑑方式也有所差異，對於幼兒在造型工作所做的評量包括了以下幾個的部分：

1. 能獨自完成簡易工作。

2. 對工作反應良好，能集中注意力。

3. 能設計製作有創造性的作品。

4. 有使用工具與材料的技能。

5. 能和別人輪流使用工具。

6. 能與他人合作，交換意見，共同完成工作。

7. 能愛惜工具與材料。

8. 能夠將自己的作品布置美化環境。

9. 能夠有條理，能隨時注意整潔。

10.工作後會收拾整理。

11.能欣賞並愛惜別人的作品。

　　幼教老師製作教具與幼兒自製作品的評估與評量，兩者的考量點是全然不同的，希望老師與幼兒可以各自在教具製作的活動過程中，完成教學活動的目標，以達到評量預設的項目。

PART 2

×實×作×篇×

實用好玩的教具不僅活化了教師的教學活
動，亦帶動幼兒學習的氣氛及樂趣，為每日
的課程增添師生共同的期待、新奇與快樂。

Sparking Creativity-Design And Making Of Teaching Aids For Young Children

1
CHAPTER

幼兒可創作的創意教具

好餓的毛毛蟲

學習目標

1. 增進數量、序列概念。
2. 學習認識顏色。
3. 增進手眼協調能力。
4. 促進小肌肉發展。

使用材料及工具

▶ 各色小絨毛球數個
▶ 活動眼睛1對
▶ 小花芯蕊1隻
▶ 吸鐵1個
▶ 白膠1瓶
▶ 剪刀1把

做法

01 將小絨毛球排列出長條形狀。

02 利用白膠將小絨毛球逐一黏合。

03 黏合時不一定呈直線的造型，亦可高低變化，製造彎曲的感覺。

04 將小花心蕊彎曲成毛毛蟲觸角形狀。

05 再將觸角黏於毛毛蟲的頭部。

06 在毛毛蟲的頭上黏上一對活動眼睛。

07 最後於好餓的毛毛蟲腹部黏上吸鐵、別針或是髮夾。

 創意小提示 ● ● ● ● ● ● ● ● ●

老師可以先將不同顏色、大小的絨毛球，讓幼兒學習數「數」，辨識顏色、大小，並做排列，還可利用成品來玩說故事或唱遊等遊戲。可請幼兒將自製的可愛作品帶回家與家人分享。

動 腦 做 變 化
××××××××××××××××××××

1. 老師或家長亦可用黏土取代小絨毛球，讓幼兒搓揉，訓練小肌肉。

2. 作品完成後，老師可以提供綠色的紙張、不織布或其他材質裁剪的葉子，搭配毛毛蟲，效果也很不錯喔。

××××××××××××××××××××

肯尼雞

How To Make

學習目標

1. 訓練小肌肉能力的發展。
2. 培養手眼協調能力的發展。
3. 增進想像力自由創作。

使用材料及工具

▶ 保麗龍球數個
▶ 活動眼睛數對
▶ 各色中國結緞帶2捆
▶ 保麗龍膠1瓶
▶ 雙面膠帶1捲
▶ 各色不織布數張
▶ 剪刀1把

做法

01 首先利用雙面膠帶將保麗龍球完全纏繞。

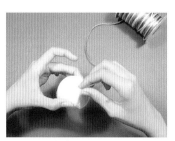

02 再將中國結由底端開始纏繞。

03 纏繞方式為從起端纏繞一圈，多餘部分剪掉。

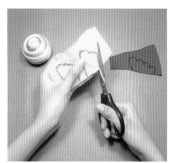

04 依序纏繞後，再以各色不織布剪成欲裝飾之各式動物之造型。

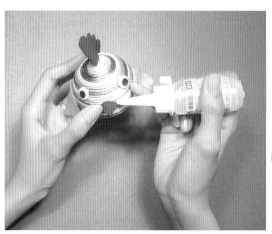

05 再利用保麗龍膠依設計樣式沾黏。

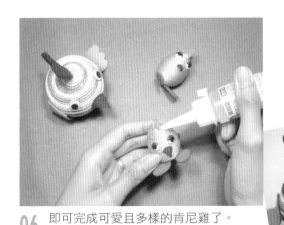

06 即可完成可愛且多樣的肯尼雞了。

動腦做變化

完成的教具，老師可以幫忙幼兒
加上小鑰匙圈或是吸鐵布置情
境。

創意小提示 • • • • • • • • • •

這項教具設計旨在培養幼
兒的手眼協調，所以當幼
兒在纏繞線的過程中不專
心工作或是纏繞的不順暢
時均可拆掉重新來過或是
從中間部分再開始，而同
時雙手亦能保持乾淨。此
外，老師須視幼兒年齡層
的大小調整保麗龍球的大
小及緞帶的粗細；年齡大
些的幼兒亦可加些簡單的
創意變化，如動物造型等
等。

蝴蝶飛飛飛

How To Make

學習目標

1. 培養小肌肉能力的發展。
2. 培養手眼協調能力的發展。
3. 增進動手伸、張的動作。

使用材料及工具

▶ 各式雲彩紙1張
▶ 粗細吸管各1支
▶ 剪刀1把
▶ 訂書機1把
▶ 亮片少許
▶ 白膠1瓶

做法

01 先將雲彩紙對折。

02 使用剪刀剪出蝴蝶的形狀（可先於紙上繪製成形，以利剪裁）。

03 再將蝴蝶中間對折。

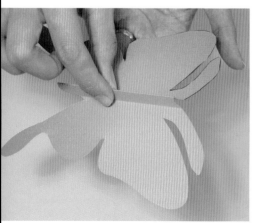

04 對折後攤平。

05 於中間對摺處的中點位置剪一小洞（細吸管可插入的寬度）。

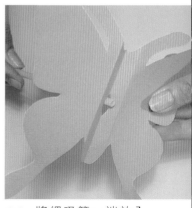

06 將細吸管一端放入中間小洞中。

動 腦 做 變 化

老師可以鼓勵幼兒發揮創意，變換不同造型的蝴蝶，甚至是創作成蜻蜓、蜜蜂、蝙蝠，或是其他型態的物件。

07 以訂書機固定住，固定時須注意固定位置，以免訂到翅膀活動處。將另一支短粗的吸管一端平均剪開分成二邊。

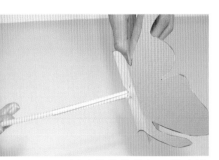

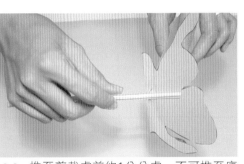

08 並將剪裁後的粗吸管套進細吸管至蝴蝶處。

09 推至剪裁處前約1公分處，不可推至底端。

10 再以訂書機固定於蝴蝶的二翼，左右兩翼訂針的位置要同高。

11 檢查開合是否正常即可，可提供裝飾材料讓幼兒加以裝飾，或是用彩色筆自由彩繪。

創意小提示

吸管的長度須修剪至易操作，粗吸管必須一定要短於細吸管，通常大約為1:3的比例。若是有可彎式吸管的部分，則須把轉彎處剪掉。老師需要幫忙孩子使用訂書機加工的這個步驟，至於剪出蝴蝶的造型及彩繪裝飾，可視其幼兒的年齡及個別程度而定。

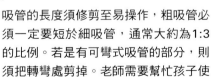

愛唱歌的鯨魚

學習目標

1. 培養自由創作的能力。
2. 訓練小肌肉能力的發展。
3. 增進創意和想像力。

使用材料及工具

▶ 各色輕脂土或紙黏土
▶ 小旋轉音樂鈴1個
▶ 剪刀1把
▶ 黏土工具1隻
▶ 白膠1瓶
▶ 各式貝殼數個

做法

01 首先將藍色及白色輕脂土混色。

02 混色後製造成波浪般色澤即可。

03 在音樂鈴上塗上白膠。

04 直接利用大拇指將輕脂土在音樂鈴上由中間往四周做不規則的壓散。

05 可製成高低不規則狀，如海浪般起伏的感覺。

06 再利用紅色輕脂土搓成水滴狀，並將尾部尖端捏成微微上揚。

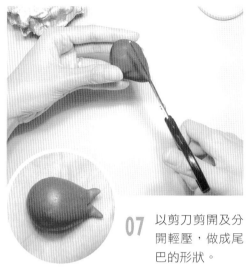

07 以剪刀剪開及分開輕壓,做成尾巴的形狀。

08 再利用白土及黑土裝飾眼睛、嘴巴,並於頭部鑽1個洞,製作鯨魚噴泉。

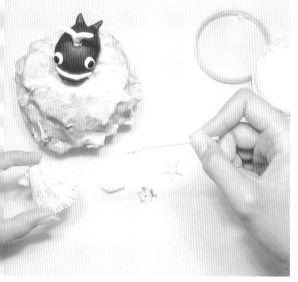

09 最後再將一些貝殼依喜好沾黏即可完成。

😊 創意小提示 ● ● ● ● ● ● ● ● ● ● ● ● ● ● ●

幼兒可以利用平日採集回來的沙及貝殼,在園所直接進行活動,感受及教學意義會更深刻喔!

動腦做變化

××××××××××××××××××

可配合節慶帶領孩子進行相關的活動,例如:雪人音樂鈴的捏塑,下雪天捏雪球及雪人,或是生日蛋糕的設計亦相當受孩子們的歡迎喔!

××××××××××××××××××

How To Make

濃情巧克力

學習目標

1. 訓練小肌肉能力的發展。
2. 感受自我表現造型能力的發展。
3. 增進創意和想像力。

使用材料及工具

► 咖啡色輕脂土
► 巧克力紙模數個
► 剪刀1把
► 白膠1瓶
► 凡士林1罐
► 巧克力模型1個
► 吸鐵數個

► 淺黃色輕脂土

做法

01 首先可將咖啡色或是淺黃色輕脂土分成數份,並搓成適當大小的圓形。

02 將搓好的輕脂土直接放入已沾少許凡士林的巧克力模具內。

03 取出成形的輕脂土。

04 將底部多餘的部位用剪刀剪下。

05 將巧克力輕脂土的底部塗上少許白膠並黏上吸鐵。

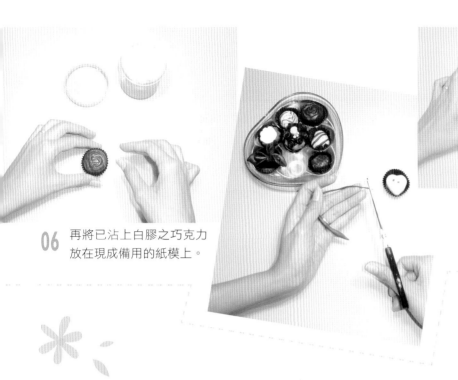

06 再將已沾上白膠之巧克力放在現成備用的紙模上。

07 此教學亦可引導幼兒發揮創意，製作各式造形的巧克力，最後裝盒即可完成。

😊 創意小提示 • • • • • • • •

因為輕脂土的質感會讓巧克力做的太逼真，因此要提醒小朋友請勿吞食。

 動腦做變化

老師亦可以提供不同顏色的黏土，讓幼兒自由發揮創意，也可使用自製的杏仁片、花生等黏土造型物加以裝飾巧克力上層。

布咕鳥

學習目標

1. 培養語言表達的能力。
2. 訓練手眼協調能力的發展。
3. 激發想像及創造的能力。
4. 學習角色的扮演。

使用材料及工具

- ▶ 各色方巾1條
- ▶ 橡皮筋1條
- ▶ 活動眼睛1對
- ▶ 保麗龍膠1瓶
- ▶ 緞帶1捲
- ▶ 剪刀1把

做法

01 首先將方巾正對角向中央對折，呈三角形。

02 再將方巾橫向捲起，視方巾大小捲2~3圈後，調整方巾的寬度。

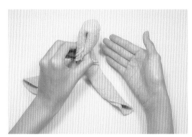

03 從中段掐出頭部的形狀，如圖所示。

04 再將兩端處反折成翅膀狀，進行最後調整。

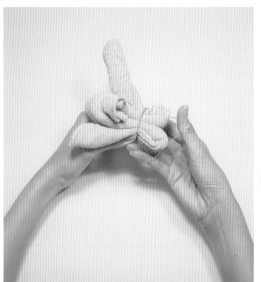

05 套上橡皮筋使其固定。

06 綁上緞帶進行修飾,再黏上活動眼睛,即可完成。

創意小提示 ·····

方巾橫向捲起的寬度會影響成品的嘴巴大小,所以在橡皮筋未固定之前可隨時視方巾的寬度調整,視個人喜好決定方巾捲的圈數。

動腦做變化

可在頭部甚至身體各處添加造型變化,使其更美觀。

大肚魚

學習目標

1. 學習角色扮演的能力。
2. 訓練小肌肉能力的發展。
3. 學習偶的操作。
4. 增進語文表達能力。

使用材料及工具

▶ 糖果襪1隻
▶ 橡皮筋1條
▶ 活動眼睛1對
▶ 各色不織布數張
▶ 泡棉適量
▶ 保麗龍膠1瓶
▶ 剪刀1把

做法

01 選取糖果襪,並試著拉鬆,好方便泡棉塞入。

02 以泡棉將糖果襪塞滿。

03 再以橡皮筋將尾部綁緊並固定。

04 於頭部對稱位置黏上活動眼睛。

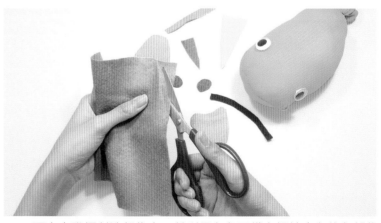

05 可自由發揮創造想像力,並利用各色不織布設計出魚的各部位造型。

06 再將設計出的魚鰭逐一黏上，亦可設計不同的魚鱗、魚鰭，及裝飾身上的各部位，增加變化，最後黏上嘴巴即可。

創意小提示 ● ● ● ● ● ● ● ● ●

糖果襪的伸縮彈性較大，所以可以由決定塞入的泡棉多寡自由決定製作成品的尺寸大小。

動腦做變化

糖果襪的特色相當容易被利用，伸縮力極佳，質地又輕，因此除了設計成魚的造型外，甚至可仿造可愛的襪子娃娃做出各式各樣的動物或人偶。

Sparking Creativity-Design And Making Of Teaching Aids For Young Children

2
CHAPTER

幼教老師教學用 的創意教具

飛天小瓢蟲

How To Make

學習目標

1. 培養小肌肉能力的發展。
2. 提升手腕控制能力。
3. 增進動手伸、張的動作。

使用材料及工具

- ▶ 紅色及黑色色卡紙各1張
- ▶ 細硬吸管1支
- ▶ 雙腳釘2個
- ▶ 黑色奇異筆1支
- ▶ 活動眼睛1對
- ▶ 尺1把　▶ 剪刀1把
- ▶ 美工刀1把
- ▶ 壓舌棒1支
- ▶ 黑色3cm圓點貼紙

- ▶ 粗吸管1支
- ▶ 黑色毛根1支
- ▶ 透明膠帶1捲
- ▶ 大訂書機1把
- ▶ 打洞器1台

做法

01 將紅色色卡紙剪出2個一樣大的圓。

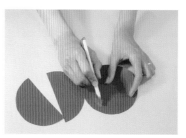

02 再將其中一個圓分割成一半，此為瓢蟲的兩翼。

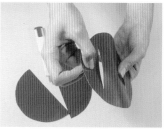

03 另一個圓則在左右各1/4處用美工刀割出2條直線。

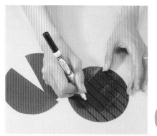

04 利用黑色奇異筆畫上條紋。

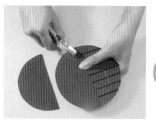

05 並將先前裁好的翅膀部分用打洞器一起打洞。

06 再分別對著身體打洞，利用黑色色卡紙剪1個小圓做為瓢蟲頭部（頭部大小與身體比例可自己拿捏）。

08 將粗吸管的一端先剪開約0.5cm寬左右,再將細硬吸管對半折起(呈V字型)插入,用大訂書機訂牢。

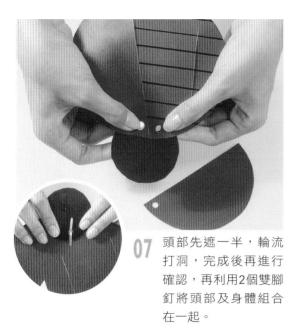

07 頭部先遮一半,輪流打洞,完成後再進行確認,再利用2個雙腳釘將頭部及身體組合在一起。

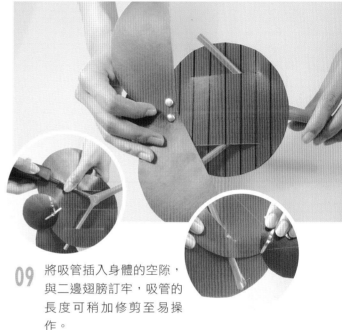

09 將吸管插入身體的空隙,與二邊翅膀訂牢,吸管的長度可稍加修剪至易操作。

10 身上加上毛根觸鬚、壓舌棒及裝飾黑色圓點貼紙活動眼睛,壓舌棒固定方式如圖所示。

😊 **創意小提示** •••••••••••••••••••••

利用訂書針組合左右兩翼時,左右必須平衡且只能訂住一半,不可完全鎖住,否則瓢蟲無法動彈。訂完之後,再用圓點貼紙修飾做遮蓋即可。

動腦做變化 💡

××××××××××××××××

老師可利用此教具設計及操作原理,利用素材自由發揮創意,做出不同型態及造型物的呈現。

××××××××××××××××

11 操作時上下拉動頭尾二支棒子即可。

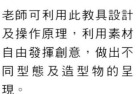

How To Make

扭扭小毛蟲

學習目標

1. 培養手眼協調能力的發展。
2. 增進動手伸、張的能力。
3. 提升敏銳的注視能力。

使用材料及工具

- ▶ 毛毛髮圈1個
- ▶ 小花芯蕊1支
- ▶ 吸管1支
- ▶ 長氣球棒1支
- ▶ 保麗龍膠1瓶
- ▶ 剪刀1把
- ▶ 透明膠帶1捲

- ▶ 活動眼睛1對
- ▶ 綠色書面紙1張

做法

01 準備一支氣球棒及一支剪短後的吸管。

02 將氣球棒放入吸管裡面。

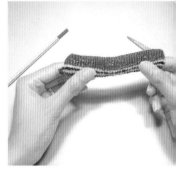

03 準備一個絨毛髮圈。

04 將由中間剪對半後備用。

05 利用保麗龍膠將髮圈的一端黏在氣球棒的頂端。

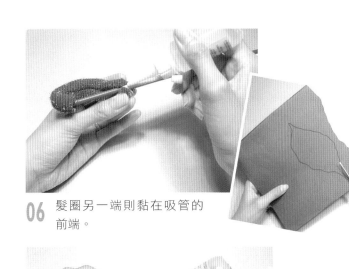

06 髮圈另一端則黏在吸管的前端。

07 以綠色書面紙裁出二片葉子形狀，在其毛毛蟲尾部與吸管黏合處利用透明膠帶黏上各式自製造型的葉子做裝飾以增加效果。

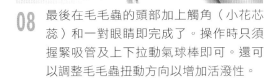

08 最後在毛毛蟲的頭部加上觸角（小花芯蕊）和一對眼睛即完成了。操作時只須握緊吸管及上下拉動氣球棒即可。還可以調整毛毛蟲扭動方向以增加活潑性。

🔋 創意小提示 ○ ○ ○ ○ ○

1. 髮圈可盡量選用有觸鬚的、毛茸茸狀的，狀似有毛毛蟲的感覺。

2. 選擇吸管的大小寬度必須可以將氣球棒放入為原則。

動腦做變化

葉子除了可用各式綠色紙張自行剪出大小不一的造型，亦可利用不同材質的塑膠葉子替代，效果也很不錯喔。

How To Make

神祕的故事書

學習目標

1. 提升語文字彙能力。
2. 訓練專心聆聽的習慣。
3. 培養說故事的技巧。

使用材料及工具

▶ 信封袋數個（黃色）　▶ 中國結緞帶1捆

▶ 各色不織布數張　　　▶ 波浪紙1張

▶ 緞帶1條

▶ 透明膠帶1捲

▶ 打洞器1台

▶ 剪刀1把

▶ 保麗龍膠1瓶

做法

01 先將黃色信封袋邊緣口塞入。

02 設計故事書中每頁平面及活動式的人物布景配置。

03 開始利用各式不織布裝飾信封袋正頁面。

04 配合故事內容，設計出多頁故事造型偶。

06 將所有完成造型的信封袋沿邊緣分別用打洞器打洞。

05 活動式的人物一端用中國結線固定住，另一端放入信封袋中用透明膠帶沾黏於封口內側；可搭配故事情節自由靈活取用。

07 用緞帶將其固定即完成了。

08 利用一張波浪紙張，設計封面及封底，同樣沿邊緣用打洞器打洞，並將信封袋故事書包覆住。

創意小提示

1. 活動式的人物角色建議用中國結線固定於信封袋內，其目的一方面是以防掉落，另一方面，亦方便老師拿取使用，增加說故事的趣味，不用臨時找尋、手忙腳亂。

2. 運用中國結緞帶固定的活動式方式是可以隨時增加故事的頁數，彈性較大。

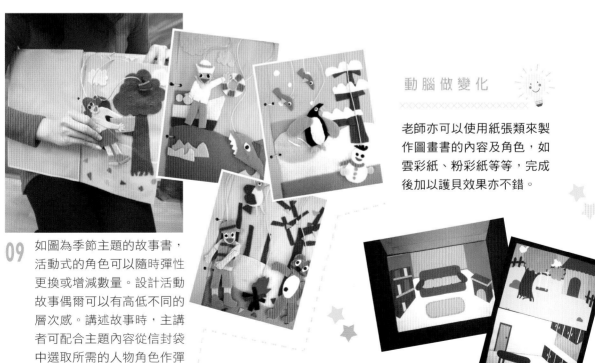

動腦做變化

老師亦可以使用紙張類來製作圖畫書的內容及角色，如雲彩紙、粉彩紙等等，完成後加以護貝效果亦不錯。

09 如圖為季節主題的故事書，活動式的角色可以隨時彈性更換或增減數量。設計活動故事偶爾可以有高低不同的層次感。講述故事時，主講者可配合主題內容從信封袋中選取所需的人物角色作彈性發揮。

海綿寶寶

How To Make

學習目標

1. 學習角色扮演的能力。
2. 激發創造及設計的能力。

使用材料及工具

▶ 吸水海綿1塊
▶ 橡皮筋數條
▶ 活動眼睛1對
▶ 各色不織布數張
▶ 毛根數支
▶ 保麗龍膠1瓶
▶ 剪刀1把

做法

01 先用1條橡皮筋綁出毛毛蟲的頭部。

02 再依次類推綁出身體的各部分。

03 利用各種不織布剪裁出毛毛蟲身上的花紋。

04 將眼睛、鼻子、嘴巴、身體花紋黏貼。

05 另外利用2支毛根互相纏繞成雙色。

06 彎曲製作成毛毛蟲頭上的觸角，利用保麗龍膠黏在毛毛蟲的頭上，再進行最後的調整及修飾即可。

🙂 創意小提示 ● ● ● ● ● ● ● ●

海綿盡量不要用剪刀修剪外觀，除非是刻意製造出不整齊的感覺。

動 腦 做 變 化 💡

××××××××××××××××××××××

各種不同形狀或是不同顏色的海綿可用橡皮筋直接捏塑出各式具創意的造型主題出來。幼教老師可以配合課程的單元主題帶領幼兒一起玩出各式創意的活動，讓幼兒自己動手試試看吧！

×××××××××××××××××××××××

71

猜猜我是誰

How To Make

1. 提升語文能力的表達。
2. 激發創造及設計的能力。
3. 進行角色扮演。
4. 學習書本製作的技巧與經驗

使用材料及工具

- 各色粉彩紙數張
- 各色書面紙數張
- 毛根數支
- 白膠1瓶
- 剪刀1把
- 美工刀1把
- 打洞器1台

做法

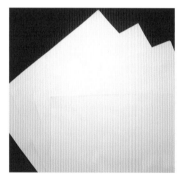

01 準備4開書面紙張數張，並將其對折後備用。

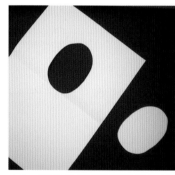

02 利用美工刀在每頁的一面挖一個面孔大小的圓形。

03 依據主題，在內頁利用各色紙張做裝飾，圖案可依主題進行設計。

04 如圖為醫生、媽媽、廚師、郵差造型。

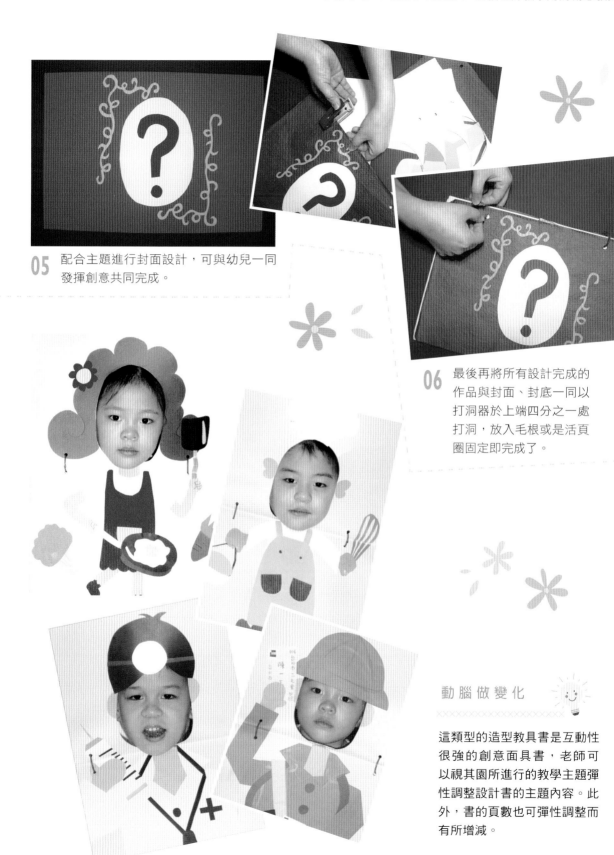

05 配合主題進行封面設計，可與幼兒一同發揮創意共同完成。

06 最後再將所有設計完成的作品與封面、封底一同以打洞器於上端四分之一處打洞，放入毛根或是活頁圈固定即完成了。

動腦做變化

這類型的造型教具書是互動性很強的創意面具書，老師可以視其園所進行的教學主題彈性調整設計書的主題內容。此外，書的頁數也可彈性調整而有所增減。

How To Make

絢彩龍捲風

學習目標

1. 培養專注力。
2. 訓練手眼協調性。
3. 培養大肌肉能力的發展。

使用材料及工具

- ▶ 塑膠雨傘套數個
- ▶ 彩色膠帶數捲
- ▶ 舊報紙適量
- ▶ 保特瓶罐數個
- ▶ 廣告顏料1盒
- ▶ 透明膠帶1捲
- ▶ 剪刀1把

做法

01 將舊報紙撕成細長條狀，並揉成球狀塞入塑膠雨傘套內。

02 形成一長條狀後，再將傘套開口用透明膠帶封合固定。

03 利用彩色膠帶沿周邊繞圈圈做出花邊造型。

04 將雨傘套的頭尾利用透明膠帶一起接合成圓形。

05 依同方式製作數個。

74

07 小蛇製作方法。

06 另外再利用少許廣告顏料加上自來水放
入保特瓶中攪拌均勻，最後再進行場景
布置，即可進行有趣的套圈圈遊戲了。

動腦做變化

老師可以利用塑膠袋雨傘套
做出各種小動物的造型，譬
如小蛇（見附圖），同樣地
帶領幼兒進行很有創意的遊
戲。

Sparking Creativity-Design And Making Of Teaching Aids For Young Children

3

節慶活動的創意教具

How To Make

吉祥獅

學習目標

1. 培養對新年節慶的認知。
2. 培養思考及創作設計的意念。
3. 利用身邊廢棄物製作立體造型的樂趣。

使用材料及工具

▶ 長方形空面紙盒1個

▶ 大、小保麗龍球各1個

▶ 各色麥克筆數支

▶ 金蔥條數條

▶ 塑膠免洗碗4個（直徑約15公分）

▶ 雙腳釘2個

▶ 鬆緊帶1段

▶ 打洞器1台

▶ 保麗龍膠1瓶

▶ 美工刀1把、剪刀1把

▶ 各色不織布數張

▶ 黑色奇異筆1支

▶ 黑色卡紙各1張

▶ 鈴鐺2個

▶ 毛根2支

做法

01 先將空面紙盒量繪出距離，方便分割成兩半。

02 進行切割，但勿切斷。

03 將手伸入約5公分處，割一大拇指寬度的小縫。

04 放入鬆緊帶，以保麗龍膠黏緊。

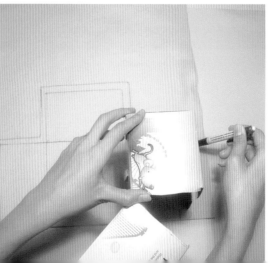

05 再於不織布上量繪面紙盒各面。

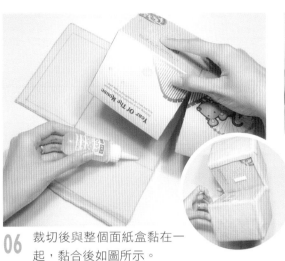

07 再剪一片紅色不織布當作嘴巴黏在底部。

06 裁切後與整個面紙盒黏在一起，黏合後如圖所示。

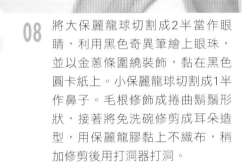

09 耳朵修剪之後加上鈴鐺及雙腳釘，並黏上金蔥條當作裝飾。

08 將大保麗龍球切割成2半當作眼睛，利用黑色奇異筆繪上眼珠，並以金蔥條圍繞裝飾，黏在黑色圓卡紙上。小保麗龍球切割成1半作鼻子。毛根修飾成捲曲鬍鬚形狀，接著將免洗碗修剪成耳朵造型，用保麗龍膠黏上不織布，稍加修剪後用打洞器打洞。

10 將獅頭的眼睛、鼻子及鬍鬚用保麗龍膠黏住，獅頭兩側以美工刀各劃一小孔，再以雙腳釘將獅頭與耳朵結合即可。

😊 **創意小提示** ○ ○ ○ ○ ○ ○ ○ ○ ○ ○ ○ ○

若是幼兒想自製簡易動物偶，不妨提供紙類回收利樂包飲料盒，讓孩子自己自由創作。

動腦做變化

1. 老師可以利用厚紙板或是紙碗做出牙齒，黏在嘴巴內，增加活潑的效果。

2. 除了新年獅頭的造型外，亦可以用此紙盒模型做出其他動物的造型，如小貓、小狗等等。

How To Make

房子燈籠

學習目標

1. 增進創意及想像力。
2. 訓練小肌肉能力的發展。
3. 培養對元宵節慶的認知。

使用材料及工具

- ▶ 利樂包飲料盒1個
- ▶ 灰色卡紙1張
- ▶ 黑色簽字筆1支
- ▶ 美工刀1把
- ▶ 剪刀1把
- ▶ 膠水1瓶
- ▶ 訂書機1把

- ▶ 廣告顏料1盒
- ▶ 黃色玻璃紙1張
- ▶ 燈籠把手1個（附電池）

做法

01 先將利樂包飲料盒的開口打開洗淨，利用黑色簽字筆將四周畫出喜愛的門窗造型，逐一以美工刀割下。

02 割下並於內側用玻璃紙由內向外利用膠水沾黏固定。

03 將附有電池的燈籠把手置入利樂包開口處，並用訂書機固定。

04 利用灰色卡紙做造型。

05 裝飾屋頂與小陽台。

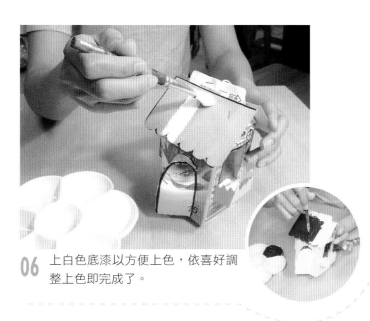

創意小提示

1. 老師可以和幼兒一起於元宵節前夕動手發揮創意，讓孩子想一想如何設計自製的元宵節小燈龍喲！

2. 先上白色壓克力顏料，同時乾了之後，較易上色，且較易遮蓋住飲料上的文字部分。

06 上白色底漆以方便上色，依喜好調整上色即完成了。

動腦做變化

老師可利用各式形狀如高、低、胖、瘦的瓶罐，提供給孩子做造型變化，如書中示範的房子、各式可愛的小動物都是不錯的創意。

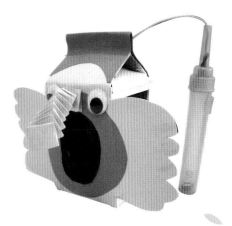

感恩愛心卡片

學習目標

1. 培養對感恩節慶（父親節、母親節、教師節）的認知。
2. 提升語文能力的表達。
3. 增進欣賞及審美的能力。

使用材料及工具

▶ 16開紅色西卡紙1張
▶ 16開粉紅色雲彩紙1張
▶ 32開淺色書面紙1張
▶ 彩色筆或裝飾貼紙
▶ 雙面膠帶
▶ 剪刀1把
▶ 美工刀1把

做法

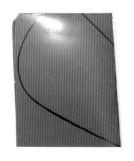

01 先將紅色西卡紙的上下左右對摺成四分之一，畫出半顆心的圖案，紙張連接處（上方）可多預留約3~4公分。

02 沿著邊線剪出半邊愛心的圖案。

03 將中線用美工刀割開後，為二個半邊愛心的圖案。

04 利用粉紅色紙張上下對摺成二分之一，設計一個較紅色愛心小一些的圖案，記得要預留黏貼處（長寬不用太大，約4公分×1.5公分左右）。

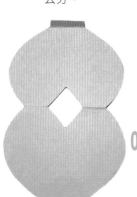

05 完成後，為二個完整愛心的圖案。

06 可使用裝飾素材設計感恩愛心卡片的內頁。

07 卡片二面均可以設計。

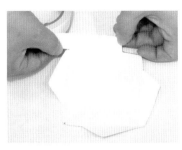

08 再利用淺色書面紙張做底座設計（長寬約13公分×11公分左右）。先將書面紙上下左右對摺成四分之一，依圖示畫出線條大致呈現圖案。

09 剪下圖案後，先摺四個邊角呈菱形後，並將四個邊角分別黏上雙面膠帶。

10 將粉紅色內頁圖卡的黏貼處與底座紙張組合黏貼。

11 如圖所示。

12 最後，與紅色愛心紙張的左右兩邊分別對稱黏合即可。

13 完成品如圖所示。

14 可利用裝飾素材進行感恩卡片封面的創意造型設計。

15 亦可以讓卡片站立以呈現立體展示的效果。

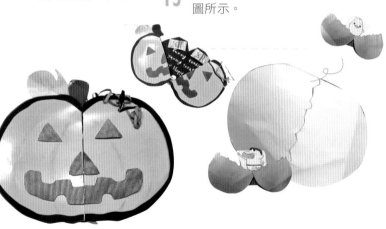

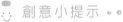

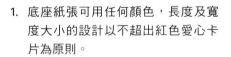

😊 創意小提示 ● ● ● ● ● ● ● ●

1. 底座紙張可用任何顏色，長度及寬度大小的設計以不超出紅色愛心卡片為原則。

2. 卡片紙張顏色及材質可依進行主題的內容做彈性調整。

動腦做變化

×××××××××××××××××××××××××

1. 可依據課程主題的需求，設計卡片圖案的造型及內容。

2. 感恩卡片設計可對身邊所有親愛的人（不只是家人及朋友）傳遞愛的祝福及話語。

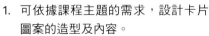

How To Make

猜猜我有多愛你

學習目標

1. 提升語文能力的表達。
2. 學習卡片製作的技巧與經驗。
3. 培養思考及創作設計的意念。

使用材料及工具

▶ 各色書面紙數張
▶ 剪刀1把
▶ 鉛筆1支
▶ 膠水1瓶
▶ 美工刀1把

做法

01 選擇一張4開書面紙對折當卡片。

02 例如:配合母親節主題可利用知名繪本「猜猜我有多愛你」來發揮,利用各式顏色紙張設計內頁造型。

03 依其主角—兔子來設計圖樣並做卡片聯想創意。裁切之後置於卡片內比對大小是否符合。

04 並將裁剪好的圖案黏貼至卡片上。

05 再以美工刀挖一個約面孔大小的圓形。

06 另外再設計想寫下或畫出給對方的話語，最後進行卡片的封面設計即可完成。

動腦做變化

老師可以和孩子先閱讀此本繪本，再利用卡片製作來表達對家人（不只是父母親，所有親密的家人、朋友都可以）想表達的愛及話語。

創意小提示

老師可以視孩子的年齡程度決定，內頁圖畫由孩子自己自由發揮，文字表達若是需由老師代筆則由老師幫忙，此外這是面具卡片的設計，所以老師可鼓勵每個孩子將甜蜜話語留待面對著親人時當面訴說！

How To Make

南瓜大王

學習目標

1. 增強對萬聖節慶的認知。
2. 訓練小肌肉能力的發展。
3. 培養運用材料特性的能力。

使用材料及工具

▶ 透明塑膠提罐1個
▶ 橘色及黑色卡點西德數張
▶ 電池燈泡組1個
▶ 3號電池2個
▶ 剪刀1把

做法

01 首先依據塑膠提罐的大小，設計橘色卡點西德的寬度。

02 再將呈現橘白間隔條紋形狀的卡點西德進行裁切。

03 將剪下來的橘色卡點西德條紋頭尾稍加修飾，四邊修去四角各成弧狀造型。

04 將分別剪下來的卡點西德依序間隔貼在小提罐上。

05 再利用黑色卡點西德做出眼睛、鼻子、嘴巴的造型。

06 剪下後直接貼在小提罐上。

07 將電池塞入燈泡中並置入小提罐的頂蓋上，最後將提罐鎖緊，用手攜拿即可。

動腦做變化

XXXXXXXXXXXXXXXXXXXXXXXXXXXXXX

燈籠上的造型圖案不一定僅限於人物，像是蜘蛛造型或是加以人物裝飾亦是很符合節慶氣氛的圖案。

XXXXXXXXXXXXXXXXXXXXXXXXXXXXXX

 創意小提示 ・・・・・・・

老師幫幼兒選擇的塑膠提罐須有小提把，以方便幼兒可以用手攜拿！

八爪蜘蛛

How To Make

學習目標

1. 增強對萬聖節的認知。
2. 訓練小肌肉能力的發展。
3. 培養手眼協調能力的發展。

使用材料及工具

- ▶ 保麗龍球2個
- ▶ 毛根數支
- ▶ 活動眼睛1對
- ▶ 剪刀1把
- ▶ 保麗龍膠1瓶
- ▶ 雙面膠帶1捲
- ▶ 竹籤1支
- ▶ 錐子1把
- ▶ 不織布少許
- ▶ 中國結緞帶1捆
- ▶ 吸盤8個

做法

01 先利用雙面膠帶將2個保麗龍球完全包覆。

02 再利用中國結線纏滿2個保麗龍球,作法同第一章肯尼雞之作法。

03 纏至最後再將多餘中國結線剪去。

04 利用錐子搓一個洞。

05 將竹籤插入,並以保麗龍膠黏牢。

06 兩顆球一起接合，需注意竹籤不可穿出圓球，另外，再利用毛根纏上吸盤。

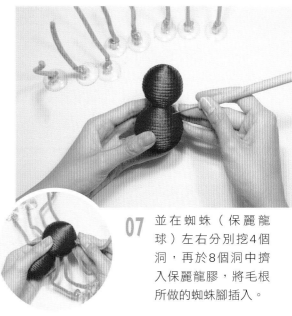

07 並在蜘蛛（保麗龍球）左右分別挖4個洞，再於8個洞中擠入保麗龍膠，將毛根所做的蜘蛛腳插入。

08 黏上活動眼睛並以錐子戳2個洞。

09 將毛根所做的蜘蛛嘴黏上，將不織布剪小圓點裝飾並黏上，最後再進行調整即可完成。

動 腦 做 變 化

老師若是不採用中國結緞帶繞繩的方式，亦可用黏土搓揉包住球的形式，訓練孩子的小肌肉發展，都很有幫助！

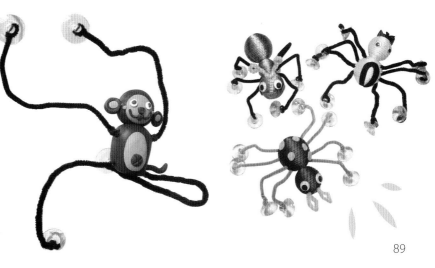

布南瓜

How To Make

學習目標

1. 體會萬聖節慶的認知。
2. 增進幼兒豐富創意和想像力。
3. 訓練小肌肉能力的發展。

使用材料及工具

▶ 橘色方巾1條
▶ 橡皮筋1條
▶ 各色卡點西德數張
▶ 剪刀1把

做法

01 準備1條橘色方巾,並用方巾包縛整個拳頭。

02 再以橡皮筋固定拳頭上的方巾,纏繞2圈左右,勿太緊或是太鬆。

03 開始將橡皮筋下方的方巾布由反方向往中間握拳頭處塞入。

04 手須用些力氣將橡皮筋撐開些,才能將方巾完全塞進去。

05 依序同一方向慢慢重覆此動作。

06 最後記得要留出一個方巾角
當作南瓜的梗。

07 調整一下方巾左右的距離，
利用卡點西德裝飾外觀。

08 進行最後裝貼與
調整即可完成。

動腦做變化

老師可以用各式顏色的方巾做出
不同感覺的南瓜或是造型偶。此
外，外觀的裝飾除了卡點西德之
外，可以用布類，例如不織布，
效果也很不錯喔！

How To Make

聖誕叮叮鐺

學習目標

1. 培養對聖誕節慶的認知。
2. 學習辨別聲音的來源。
3. 培養節奏感。
4. 訓練小肌肉能力的發展。

使用材料及工具

- ▶ 果凍盒2個
- ▶ 鋁箔紙2小片（約10x10cm）
- ▶ 毛根半支
- ▶ 小鈴鐺或大鈴鐺1~2個
- ▶ 緞帶1捲
- ▶ 保麗龍膠1瓶
- ▶ 剪刀1把
- ▶ 錐子1把
- ▶ 裝飾材料少許

做法

01 先將鋁箔紙裁切成可完全包住空的果凍盒大小的正方形。

02 以鋁箔紙將果凍盒完全包覆。

03 再將其中心點用錐子挖出一小孔。

04 將半支毛根的二端分別塞入2個果凍盒的頂端，並反摺固定住。

05 將2個小鈴鐺放置於果凍盒內，或是裝飾於外觀亦可。

創意小提示

老師可以先請幼兒一起於點心時間分享完果凍後將盒子清洗乾淨，再讓幼兒一起動手製作聖誕小鈴鐺，但是別忘了完成的作品可同時裝飾在聖誕樹上增加節慶的氣氛喲！

06 將緞帶綁成蝴蝶結的形式，固定於毛根的頂端接合處，亦可發揮創意增加裝飾物，使其更美觀。

動腦做變化

可利用各式亮眼顏色及易彎材質的毛根，讓幼兒輕易創作出各式創意造型的可愛小鈴鐺。

聖誕花圈

How To Make

學習目標

1. 發揮思考及創作設計的意念。
2. 培養對聖誕節慶的認知。
3. 增進欣賞及審美的能力。

使用材料及工具

▶ 塑膠水管1條（長約100cm）
▶ 綠色不織布數張
▶ 紅色緞帶1捆
▶ 金蔥條數條
▶ 聖誕裝飾材料少許
▶ 剪刀1把
▶ 保麗龍膠1瓶
▶ 封箱膠帶1捲

做法

01 先利用封箱膠帶將水管兩端牢牢的黏住。

02 再將綠色不織布包覆在水管外圍，並用保麗龍膠黏合開口處。

03 將金蔥條由內而外纏繞於圈圈裡外做裝飾，並適量定點的塗抹保麗龍膠做局部固定。

04 加上聖誕裝飾物修飾花圈。

05 最後將緞帶綁成大蝴蝶結的形式，固定於花圈的頂端，並附上小吊繩即完成了。

這亦是一項適合園所舉辦的親子教具活動，親子合力完成的作品，可以因應節慶拿出來裝飾家裡布置情境，增添聖誕氣氛，十分具有意義喔！

▲ 紙盤製成的花圈。

動腦做變化

×××××××××××××××××××××××××

老師可以帶領幼兒利用環保素材（如：舊報紙、回收紙盤）一起製作聖誕小花圈，例如：將報紙捲成小花圈的形狀後，外圍用綠色皺紋紙包覆及透明膠帶黏牢，再使用不織布及回收素材加以裝飾即可！

×××××××××××××××××××××××××

▲ 舊報紙製成的花圈。

美味的花環

學習目標

1. 培養思考及創作設計的意念。
2. 培養手眼協調能力的發展。
3. 培養對聖誕節慶的認知。
4. 增進欣賞及審美的能力。

使用材料及工具

▶ 各式義大利通心麵
▶ 緞帶1捲
▶ 鈴鐺1個
▶ 打洞器1台
▶ 保麗龍膠1瓶
▶ 白膠1瓶
▶ 美工刀1把
▶ 剪刀1把

▶ 免洗紙盤1個
▶ 金色噴漆1瓶

做法

01 先將紙盤中間剪成喜歡的造型,如圓形、三角形、聖誕樹形、心形等。

02 並在頂端及中間割開處上端對稱處分別用打洞器打兩個洞。

03 圖為打洞後的示意圖。

04 利用各種造型的義大利通心麵以白膠沾黏於紙盤上。

05 再利用金色噴漆均勻地噴灑在整件作品上。

06 等待約十至十五鐘後待作品噴漆完全風乾。

07 最後可裝飾緞帶及鈴鐺,並附上小吊繩即可。

🙂 創意小提示 ● ● ● ● ● ● ● ● ● ●

1. 若是選用有顏色的義大利麵做裝飾,即蔬菜類的義大利麵,最好等噴漆完盤面之後再裝飾,否則麵的顏色會變混黑而不好看。

2. 完成後的作品,中間亦可附上孩子的畫作作品或是相片亦是不錯的牆面布置喔!

3. 須提醒小朋友不可吞食製作後的義大利麵。

動腦做變化

××××××××××××××××××××××××

盤子也可以用壓克力顏料上色,例如:紅色或綠色,即富有聖誕節的氣氛,不一定只能用金色的噴漆的方式。

××××××××××××××××××××××××

Sparking Creativity-Design And Making Of Teaching Aids For Young Children

CHAPTER 4

親子活動 的創意教具

How To Make

花朵小時鐘

學習目標

1. 培養時間概念的認知。
2. 學習認識時鐘的基本構造。
3. 訓練小肌肉能力的發展。

使用材料及工具

- ▶ 紙盤1個
- ▶ 3號電池1個
- ▶ 剪刀、美工刀1把
- ▶ 黃、紅、綠色不織布數張
- ▶ 吊線1條（長約50公分）
- ▶ 尖嘴鉗1把
- ▶ 裝飾材料少許
- ▶ 時鐘機心
  （含時、分、秒針）1組

- ▶ 綠色珍珠瓦楞紙板1張
- ▶ 保麗龍膠1瓶
- ▶ 錐子1把

做法

01 先利用紙型（附件）剪出紅色、黃色及綠色不織布的花朵造形。

02 將花瓣利用保麗龍膠黏在圓形紙盤上。

03 利用錐子將紙盤正中心點鑽一小孔（可用免洗筷子再將其戳大一些些）。

04 於開孔處裝上機心。

05 利用鉗子旋緊螺絲。

06 再於順時針方向由數字12開始分別黏上數字1~11。

07 利用綠色珍珠瓦楞紙板描出葉子形狀後，黏上綠色不織布做修飾，於其頂端穿孔加小吊繩，將葉子和花朵時鐘一起組合。

08 再於花朵及葉面上黏上小瓢蟲做裝飾，最後放入電池即完成了。

創意小提示 ●●●●●●●●●●●●●●●●●●●●●

老師可以視幼兒的年齡程度，若幼兒自己可以動手完成簡易的小時鐘，如圖所示，可讓幼兒自己動手做一做可愛造型小時鐘，至於裝設機心較複雜的部分則留待老師幫忙處理。

動腦做變化

老師可以嘗試用各式不同的材質做造型時鐘，例如袋子、盒子、帽子來發揮創意，特別是親子活動的舉辦，可以提供家長各式開放性又便宜的小東西，讓親子可以一起做出小作品共同布置自己家裡的情境。

糖果面紙盒

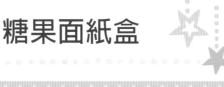

學習目標

1. 培養自由創作的能力。
2. 訓練小肌肉能力的發展。
3. 培養想像力。

使用材料及工具

▶ 長方形面紙盒1個
▶ 各色不織布1張（約50x70公分）
▶ 碎不織布數張
▶ 緞帶1捲
▶ 橡皮筋2條
▶ 保麗龍膠1瓶
▶ 剪刀1把

做法

01 準備1張大小約50x70公分的不織布。

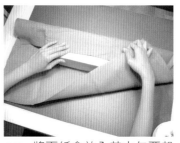

02 將面紙盒放入其中包覆起來。

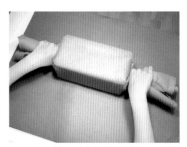

03 調整面紙盒位置使呈現糖果狀。

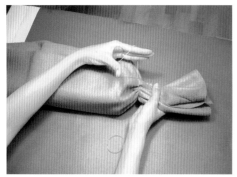

04 使用橡皮筋先綁住1端。

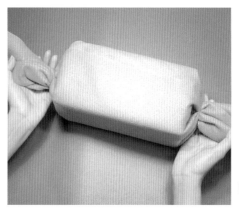

05 如法炮製完成另一端。

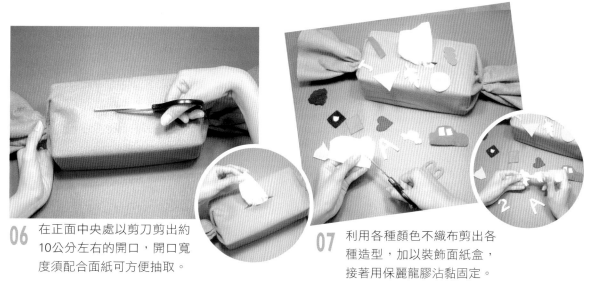

06 在正面中央處以剪刀剪出約10公分左右的開口,開口寬度須配合面紙可方便抽取。

07 利用各種顏色不織布剪出各種造型,加以裝飾面紙盒,接著用保麗龍膠沾黏固定。

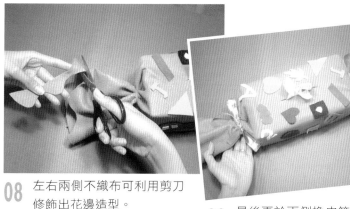

08 左右兩側不織布可利用剪刀修飾出花邊造型。

09 最後再於兩側橡皮筋處綁上緞帶修飾即可。

😊 **創意小提示** ● ● ● ● ● ● ● ●

可以利用各種不同的材質來包裹面紙盒,除了布類較耐用外,亦可利用紙張類,如:皺紋紙、玻璃紙,不妨試試看,試用效果也很不錯喔!

動腦做變化

老師可以配合園所的單元主題,與幼兒一起腦力激盪,動手做出搭配的教具;或是親子一起利用身邊現成的資源材料,如:釦子、碎布、珠珠、瓶蓋來做裝飾,一起發揮想像力及創造力吧!

絲襪蝴蝶

How To Make

學習目標

1. 啟發想像與創作動物的特徵。
2. 學習利用不同材質的功能性。
3. 訓練小肌肉能力的發展。

使用材料及工具

▶ 透明絲襪1雙　　　▶ 鋁線1捲
▶ 活動眼睛1對
▶ 橡皮筋數條
▶ 剪刀1把
▶ 老虎鉗子1把
▶ 保麗龍膠1瓶
▶ 毛根1支
▶ 裝飾材料少許

01 準備1圈鋁線，先順線後找出鋁線的起頭端點。

02 再依鋁線的線端抓出「上2下1」的單邊蝴蝶翅膀造型。

03 將多餘的部分用鉗子剪掉。

04 將上下圈於中點用橡皮筋綑綁固定。

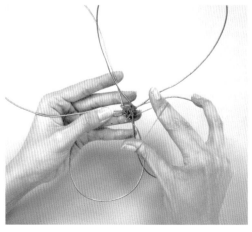

05 再以此類推完成另外一邊。

06 調整鋁線弧度成蝴蝶形狀後,再用橡皮筋將左右2翼牢牢固定。

07 將透明絲襪一雙分別放入左右兩翼,背後交叉處可用保麗龍膠稍加固定。

08 再以亮片珠珠等裝飾物美化蝴蝶身體。

09 最後再加上小毛球、花蕊、活動眼睛即可。

創意小提示 ● ● ● ● ● ● ● ● ● ●

鋁線的軟硬度要適合,太硬不好操作,太軟則支撐不起來。替代材質也可選用鉛線。

動腦做變化

老師可以在完成的蝴蝶作品背面加上小吸鐵,或是在蝴蝶作品的四個角部分用細魚線懸掛,呈現出在空中的感覺,情境布置效果也很好,不妨試試看。

可愛造型相框

How To Make

學習目標

1. 啓發想像與創作動物的特徵。
2. 學習利用不同材質的功能性。
3. 訓練小肌肉能力的發展。

使用材料及工具

▶ 糖果襪1隻
▶ 廢棄光碟片1片
▶ 各色泡棉墊
▶ 剪刀1把
▶ 活動眼睛1對
▶ 泡棉膠帶1捲

做法

01 先將糖果襪對摺，然後將中間頂端剪一小洞（約0.5公分左右）。

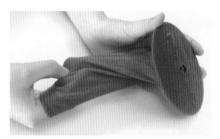

02 把糖果襪套上光碟片。

03 糖果襪包覆光碟片之後，糖果襪尾端塞入光碟片洞口後拉出。

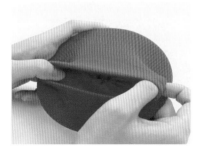

04 將糖果襪反摺一次，再包住光碟片。

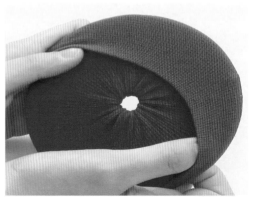

05 連續重複此動作，直到無法再套住為止。

06 可依據圖片設計大小，調整糖果襪邊框的大小。

🍼 創意小提示 ●○●○●○●○●○●○●○●○●○●○●○●

1. 糖果襪的伸縮彈性較大，因此可視其圖片呈現的造型設計，調整糖果襪邊框的大小。

2. 可於糖果襪相框的背面加上小掛勾，懸掛於壁面上，增加視覺欣賞感受喔！

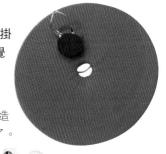

07 再利用各式泡棉墊剪出合適造型，利用泡棉膠帶黏貼即完成了。

動腦做變化 ☀

可以利用各色糖果襪及回收的光碟片，搭配簡單素材，設計出孩子喜愛的造型。除了創意相框的設計之外，偶類的設計亦可呈現出活潑可愛的扮演效果，很適合親子一起動手玩玩看。

How To Make

大樹溫度計

學習目標

1. 建立溫度熱脹冷縮的認知。
2. 訓練小肌肉能力的發展。
3. 培養觀察能力。

使用材料及工具

▶ 塑膠瓦楞紙板1個
▶ 各色不織布數張
▶ 溫度計1個
▶ 各色輕脂土
▶ 保麗龍膠1瓶
▶ 白膠1瓶
▶ 剪刀1把

▶ 美工刀1把

做法

01 準備1張塑膠瓦楞紙板，先畫出要呈現的圖案並用美工刀割下。

02 利用不織布描出樹幹造型。

03 再以相同方式描繪樹葉部分。

04 分別裁下後再利用保麗龍膠直接黏在瓦楞紙板當做底布。

05 將溫度計板用保麗龍膠黏在瓦楞紙板底布上的適當位置。

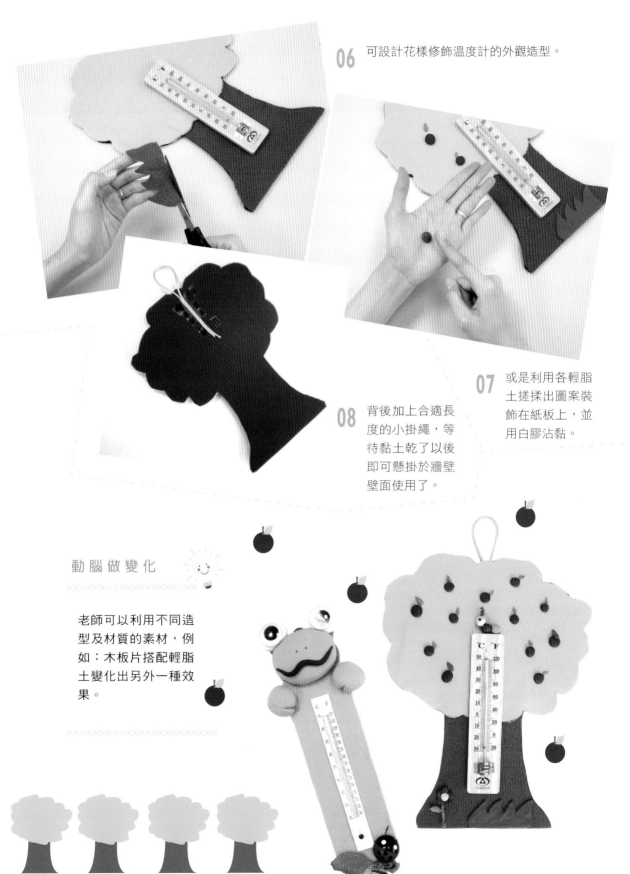

06 可設計花樣修飾溫度計的外觀造型。

07 或是利用各輕脂土搓揉出圖案裝飾在紙板上,並用白膠沾黏。

08 背後加上合適長度的小掛繩,等待黏土乾了以後即可懸掛於牆壁壁面使用了。

動腦做變化

老師可以利用不同造型及材質的素材,例如:木板片搭配輕脂土變化出另外一種效果。

How To Make

美味西餐廳

學習目標

1. 激發創意和想像力。
2. 訓練小肌肉能力的發展。
3. 學習利用環保餐具發展設計能力。

使用材料及工具

- ▶ 各色輕脂土
- ▶ 免洗塑膠盤1個
- ▶ 免洗塑膠湯匙1根
- ▶ 打洞器1台
- ▶ 保麗龍膠1瓶
- ▶ 各色毛巾1條
- ▶ 繩子1條
  （長度可自行調整)

- ▶ 黏土工具1組
- ▶ 免洗筷子1雙

做法

01 準備1個免洗塑膠盤，先用美工刀於中間割出1個小洞，洞口的寬度為毛巾可放入的大小。

02 利用各色輕脂土裝飾盤面。例如：可利用白色輕脂土搓出麵條形狀。

03 再利用紅色輕脂土搓出小紅蘿蔔造型。

04 利用黃色輕脂土搓出玉米粒。

05 利用綠色輕脂土（黃加藍土）做出花椰菜。

 創意小提示 ○ ○ ○ ○ ○ ○ ○ ○ ○ ○

塑膠盤的材質亦可以用
大型膠帶捲的外圈替
代。

06 將所有完成的黏土製成品全部裝飾於
盤面上，用保麗龍膠沾黏。

07 將其他裝飾物，如筷子及
湯匙裝飾兩旁。

08 最後頂端用打洞器穿洞後放入繩子，懸掛
毛巾即完成了。

動腦做變化

××××××××××××××××××××××××××××

老師可以提供身邊容易取得的各式素
材讓親子一起動動腦變化創意的造
型，完成的作品可以直接布置家裡，
增添活潑的氣氛！

××××××××××××××××××××××××××××

懷舊古早童玩(1)竹蜻蜓

學習目標

1. 訓練手眼協調能力。
2. 培養小肌肉能力的發展。

使用材料及工具

▶ 壓舌棒1根
▶ 免洗筷子1支
▶ 錐子1把
▶ 各色麥克筆數支
▶ 長尺1隻

做法

01 先將壓舌棒的中點用錐子鑽一個小洞。

02 利用各色麥克筆將壓舌棒的一面上色。

03 將免洗筷的尖端部分插入壓舌棒的中間小洞內。

04 再將壓舌棒左右兩翼呈反向互相調整。

😊 創意小提示 ● ● ● ● ●

壓舌棒兩翼若是不常操作則很快就會恢復原形，因此當要再度把玩時，必須要重新用力扭轉一下角度才行。

05 最後測試後即完成。

懷舊古早童玩(2)竹吹球

How To Make

1. 增進事物控制技巧。
2. 培養大肌肉能力的發展。
3. 培養專注力。

使用材料及工具

▶ 粗吸管1支
▶ 可彎式吸管1支
▶ 白色卡紙1張
▶ 各色麥克筆數支
▶ 保麗龍球1個
　（直徑約3公分）
▶ 透明膠帶1捲
▶ 剪刀1把

做法

01 先利用麥克筆在卡紙上畫出喜愛的圖案，並裁剪下來。

02 將1支粗吸管裁去留下約10公分左右的長度，並在頂端剪開約5公分的長度做展開如條狀。

03 將可彎式吸管轉彎處塞入粗吸管開口處，並用透明膠帶包覆住。

04 將所設計出的圖樣用膠帶黏於吸管上。

😊 創意小提示 ⊙⊙⊙⊙⊙⊙

老師可以和幼兒討論，除了鯨魚之外還有哪些動物也適合做造型的圖案。

05 將小保麗龍球用麥克筆上色，放入粗吸管開口內，吹氣即可進行遊戲。

Sparking Creativity-Design And Making Of Teaching Aids For Young Children

CHAPTER 5

偶類創意教具

How To Make

動物手套偶

學習目標
1. 訓練語文表達的能力。
2. 學習角色扮演的技巧。
3. 訓練手掌操作的技巧。

使用材料及工具

▶ 工作用手套1個
▶ 活動眼睛1對
▶ 各色羽毛數根
▶ 各色不織布數張
▶ 剪刀1把
▶ 保麗龍膠1瓶
▶ 小保麗龍球1個
　（直徑約3公分）

做法

01 先將保麗龍球的一端利用剪刀挖出一個小洞，呈半中半空狀。

02 將保麗龍球塞入手套中的大拇指部位，有挖小洞的部分朝外，並用保麗龍膠沾黏內側。

03 再利用各色不織布裝飾身體部位。

04 加上皇冠、活動眼睛及彩色尾巴。

05 最後利用碎布稍加修飾尾巴的部分即可。

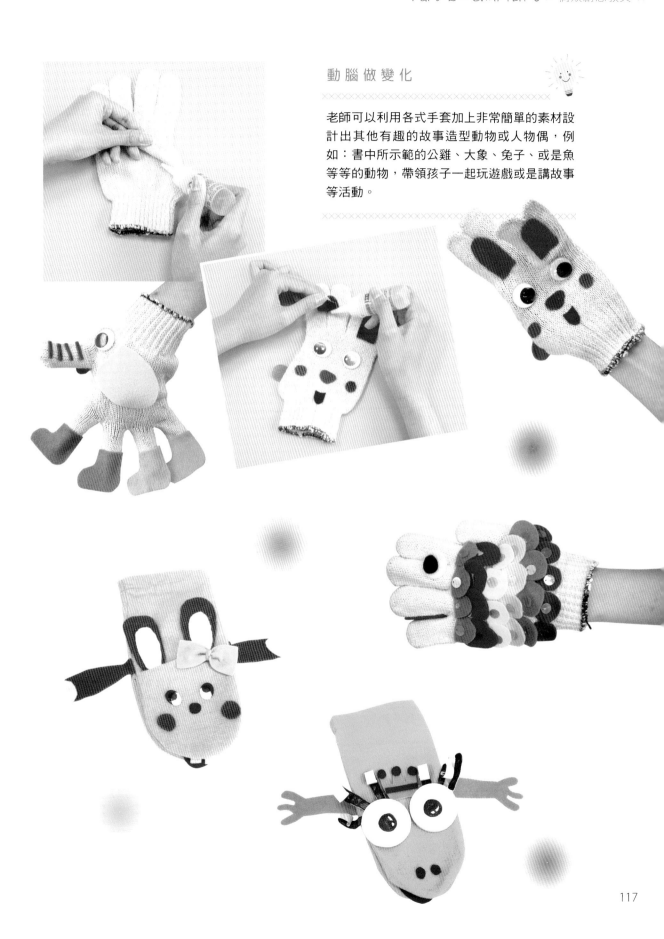

動腦做變化

老師可以利用各式手套加上非常簡單的素材設計出其他有趣的故事造型動物或人物偶，例如：書中所示範的公雞、大象、兔子、或是魚等等的動物，帶領孩子一起玩遊戲或是講故事等活動。

117

襪子偶(1)豬國王

學習目標

1. 培養語文表達的能力。
2. 學習角色扮演的技巧。
3. 訓練手掌操作的技巧。

使用材料及工具

▶ 襪子1支
▶ 活動眼睛1對
▶ 厚紙板1張
▶ 各色不織布數張
▶ 保麗龍膠1瓶
▶ 剪刀1把

做法

01 先將襪子翻面，再將厚紙板裁好版型後備用。

02 將厚紙板對摺後放入前腳部位，再用保麗龍膠一起黏合。

03 黏合後再將襪子翻回正面。

04 以各色不織布製作身上各部位。

05 再以保麗龍膠逐一沾黏。

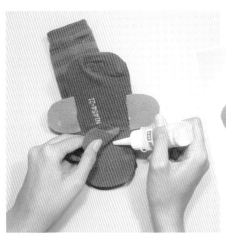

創意小提示 ● ● ● ● ● ● ● ● ●

聽故事是幼兒非常喜愛的活動之一，因此老師可以針對不同年齡層的幼兒，利用各式不同材質、不同顏色甚至不同大小的襪子做創意造型變化，設計各種有趣的故事造型偶，增添幼兒聽故事的豐富性。

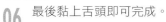

06 最後黏上舌頭即可完成。

動腦做變化

老師亦可以用不同的材質，如：鈕釦、珠珠、毛線、保麗龍球代替眼睛、嘴巴、頭髮的造型，呈現出不同的感覺，代表各式不同的動物。

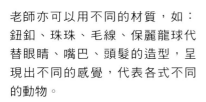

襪子偶(2)大象偶

How To Make

學習目標

1. 培養語文表達的能力。
2. 學習角色扮演的技巧。
3. 訓練手掌操作的技巧。

使用材料及工具

▶ 襪子1支
▶ 活動眼睛1對
▶ 厚紙板1張
▶ 各色不織布數張
▶ 保麗龍膠1瓶
▶ 剪刀1把

做法

01 先將襪子翻面備用,將裁好版型的厚紙板對摺後放入前腳部分,並黏合翻回備用。

02 利用另一張厚紙板裁剪成圓形,以灰色不織布包覆並用保麗龍膠沾黏。

03 再剪出大象的耳朵、鼻子並用保麗龍膠沾黏固定。

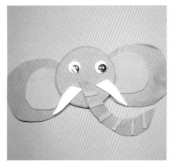

04 完成大象頭部。

動腦做變化

XXXXXXXXXXXXXXXXXXXX

老師亦可以用厚紙板配合整體設計,增加立體感。

XXXXXXXXXXXXXXXXXXXX

05 將象頭與襪子利用保麗龍膠黏合固定即可。

拖鞋兔寶寶

How To Make

1. 培養語文表達的能力。
2. 學習角色扮演的技巧。
3. 訓練手掌操作的技巧。

使用材料及工具

▶ 絨布拖鞋1支
▶ 活動眼睛1對
▶ 各色不織布數張
▶ 保麗龍膠1瓶
▶ 美工刀1把
▶ 剪刀1把

做法

01 利用美工刀在拖鞋正面的2/3處剪開，使手指可輕易放入操作。

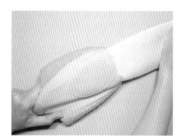

02 從拖鞋底部用美工刀割開一條線將鞋墊取出，使其易摺疊。

03 將紅色不織布裁成鞋型利用保麗龍膠與拖鞋底部一起黏合。

04 利用不織布製作各部分造型。

05 並以保麗龍膠逐一黏合各部分即可。

How To Make

小動物樂園

學習目標

1. 培養語文表達的能力。
2. 學習角色扮演的技巧。
3. 訓練手指靈活度。

使用材料及工具

▶ 用完的彩色筆1支
▶ 活動眼睛1對
▶ 各色不織布數張
▶ 保麗龍膠1瓶
▶ 剪刀1把
▶ 老虎鉗子1把

做法

01 先利用老虎鉗將回收的色筆後蓋打開。

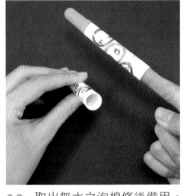

02 取出無水之泡棉條後備用。

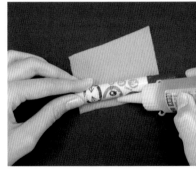

03 利用不織布依筆身長剪出長條狀並用保麗龍膠沾黏包覆。

04 修剪多餘的不織布。

05 開始設計各式筆偶小動物。

06 利用保利龍膠黏合頭部各部位。

07 將完成造型的頭部包覆於筆身的頂端。

08 開始修飾身體四肢部分。

09 與色筆筆身黏合。

10 將手指放入色筆底部操作即可。

 創意小提示 · · · · ·

老師必須利用粗短的色筆，底面中空的尺寸較適合幼兒手指放入把玩操弄，因此老師在園所可以將廢棄不用的色筆留存下來做教具資源的運用。

 動腦做變化

老師可以用書面紙張、粉彩紙代替布類材質教幼兒自己動手做教具，呈現出不同的創意。或者可視偶的造型，塞入泡棉以增加立體感。

熊熊黏土偶

學習目標

1. 培養語文表達的能力。
2. 學習偶的控制能力。
3. 學習角色扮演的技巧。
4. 訓練小肌肉能力的發展。

使用材料及工具

▶ 咖啡色輕脂土
▶ 養樂多瓶罐1個
▶ 黑色奇異筆1支
▶ 各色不織布數張
▶ 白膠1瓶
▶ 保麗龍膠1瓶
▶ 剪刀1把

▶ 活動眼睛1對

做法

01 首先將輕脂土搓揉成圓形。

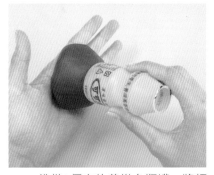

02 準備1個空的養樂多瓶罐,將輕脂土稍微壓扁後包覆住。

03 包覆形狀如圖所示。

04 再捏2個小圓搓成胖小水滴狀,稍壓扁後形成2隻耳朵造型。

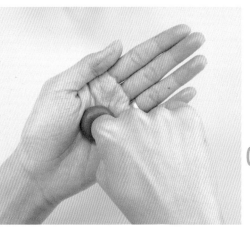

05 捏2個圓做出鼻子及鼻頭。

06 利用白膠將鼻子及耳朵固定，再黏上活動眼睛及鼻頭。

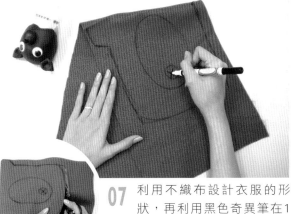

07 利用不織布設計衣服的形狀，再利用黑色奇異筆在1塊對折的不織布上描繪出衣服的造型，用剪刀剪下後利用保麗龍膠沾黏部分衣袖邊緣。

08 在裝飾美化衣物之後，於衣服的領口處剪一個洞。

09 再將已風乾的養樂多瓶罐偶套入衣服中，確實接合後再進行試用，檢查是否有未黏合處即可操作作品了。

動腦做變化

養樂多瓶罐是十分容易取得的素材，老師們不妨可以思考幼兒喜愛偶類角色，試試看設計出他們喜愛的人物，一起玩玩扮演遊戲吧！

 創意小提示

此項教具關於黏土捏塑工的部分可以保留讓幼兒自己完成工作，以培養他們小肌肉能力的發展，讓幼兒隨心所欲，自由造型創作。

How To Make

愛跳舞的青蛙

學習目標

1. 訓練手眼協調的能力。
2. 培養語文表達的能力。
3. 學習偶的控制能力。
4. 學習角色扮演的技巧。

使用材料及工具

- ▶ 綠色泡棉片1張、泡棉條1個
- ▶ 棉線1捆、魚線1捆
- ▶ 橡皮筋數條
- ▶ 活動眼睛1對
- ▶ 保麗龍膠1瓶
- ▶ 透明膠帶1捲
- ▶ 打洞器1台
- ▶ 剪刀1把
- ▶ 綠色方巾1條
- ▶ 粗吸管2支
- ▶ 雙腳釘4個

做法

01 首先將2支粗吸管的中心點打洞再用雙腳釘固定。

02 準備一條綠色方巾，請參考「布南瓜」第90頁的做法，做出青蛙的臉部。

03 在綠色泡棉片上畫2個圓形當作青蛙眼睛的底板。

04 利用各種素材裝飾頭部，並完成青蛙頭部製作。

05 用筆在綠色泡棉片上描出手腳的形狀並剪下進行修飾。

06 利用打洞器在泡棉片一端打洞，用雙腳釘組合；再用打洞器在泡棉條頭尾2個對稱點各打2個洞。

07 以棉線組合四肢，結合後剪去多餘棉線。

😊 **創意小提示** ● ● ● ● ●

幼兒可藉由自行操作偶的活動來培養語文能力，達到角色扮演或互動的功能；但此項教具較不易由幼兒自行製作，基本上是由老師設計製作完成的教具，若是考慮給幼兒使用，建議材質的選擇越輕巧對幼兒越方便自行控制操作。

08 用泡棉條做出青蛙腳蹼，並黏於四肢。

09 以錐子將青蛙頭穿透，並於頭部與身體以魚線接合，並固定於先前製作的控制板。

動腦做變化

ⅩⅩⅩⅩⅩⅩⅩⅩⅩⅩⅩⅩⅩⅩⅩⅩⅩ

懸絲偶已經是十分普遍的教具，但是老師們是否曾經想過用一些特殊材質也能創造出教學上不同的呈現效果！

ⅩⅩⅩⅩⅩⅩⅩⅩⅩⅩⅩⅩⅩⅩⅩⅩⅩ

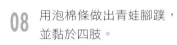

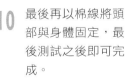

10 最後再以棉線將頭部與身體固定，最後測試之後即可完成。

Sparking Creativity-Design And Making Of Teaching Aids For Young Children

6
CHAPTER

情境布置 的創意教具

塑膠袋動物園

學習目標

1. 培養創造力。
2. 認識各種可愛的動物。
3. 培養觀察和辨識能力。

使用材料及工具

▶ 各種回收塑膠袋　　▶ 各色書面紙張
▶ 泡棉　　　　　　　▶ 回收紙箱
▶ 厚紙板　　　　　　▶ 透明膠帶
▶ 白膠　　　　　　　▶ 剪刀　▶ 封口機
▶ 美工刀
▶ 裝飾材料
　（絨球、活動眼、
　泡棉條、彩色膠帶）

做法

01 配合教學單元主題，先利用層次堆疊在大牆面上設計綠色底色。

02 利用紙板或紙箱設計出大樹及用紙張鋪陳的草原以完成背景裝飾。

03 開始進入動物主題的聯想，師生可以一起討論如何布置自己的動物園。

04 蒐集日常生活當中隨時可見各種形式的回收塑膠袋，有大、有小、有寬、有細長條的如雨傘套狀等等均可自由發揮創意。

05 各類動物設計可視其外型特徵增加裝飾性材料，例如：泡棉的使用可強化立體效果。

06 各款不同顏色塑膠袋及紙張的選用，亦可搭配動物的外型做可愛的創作。此類情境布置的各類動物均可彈性移動位置，或是讓師生自由使用。

創意小提示 ● ● ● ● ● ● ● ● ● ● ● ● ● ● ● ● ●

此項情境布置的活動可由幼師引導幼兒進行課程，塑膠袋教具的製作須由教師代勞，然而老師可以針對情況請幼兒自行創作小動物來放入動物園內做布置。

動腦做變化

若是園所無封口機，則可完全利用膠帶或橡皮筋代替，以抓、握、捆、綁等方式，設計各種動物的造型。

07 完成囉。

美麗花蝴蝶

學習目標

1. 啟發想像與創作力。
2. 學習利用不同材質的功能性。
3. 增進審美的能力。

使用材料及工具

▶ 各色書面紙張
▶ 透明膠帶
▶ 白膠
▶ 剪刀
▶ 絲襪蝴蝶材料
　（請參考第四章）

▶ 海綿寶寶材料
　（請參考第二章）

How To Make

做法

01 此圖情境布置的重點是利用紙張層次的堆疊，以色彩來呈現出「春天」的感覺。

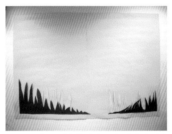

02 先用綠色紙張設計出草地之場景。

03 再利用各式紙張設計出美麗花朵的造型，天空的構圖也採顏色堆疊的型式，增加立體感。

04 實物情境布置可以將曾經製作過的教具做整合，將屬於同一主題的教具一併呈現出來。

05 與進行的單元主題有相關性（海綿寶寶、毛毛蟲、絲襪蝴蝶等等），加強整體氣氛的呈現。

動腦做變化

XXXXXXXXXXXXXXXXXXX

幼師可以提供簡易素材，讓幼兒自由創作，例如：利用使用完的衛生紙捲筒即可讓孩子結合主題任意發揮創造力一起與老師布置教室情境。

蛋糕娃娃故事屋

How To Make

1. 培養角色扮演及情緒表達的能力。
2. 訓練小肌肉能力的發展。
3. 增進語言表達的能力。

使用材料及工具

- ▶ 各式蛋糕盒
- ▶ 壓克力顏料
- ▶ 白膠
- ▶ 剪刀
- ▶ 保利龍切割器
- ▶ 黏土工具組
- ▶ 裝飾材料
  （樹枝、樹葉）

- ▶ 各式紙黏土
- ▶ 壓舌棒
- ▶ 保麗龍膠
- ▶ 美工刀

做法

01 利用不同尺寸的回收生日蛋糕盒。

02 切半堆疊製作三層蛋糕屋層次。

03 並用保麗龍膠沾黏。

04 背面則以生日蛋糕造型為主，利用黏土與黏土工具組，製作蛋糕上的物件。

05 正面以娃娃家為設計，每一樓層可做不同質感與主題規劃設計擺設，並利用壓克力顏料繪製出來。

06 利用各式各色黏土製作動物偶，娃娃屋室內擺設可利用枯樹枝、乾燥花做裝飾。此外，亦可利用小紙盒、壓舌棒、小木片做造型修飾。整體活動過程中可邀請孩子一同參與創作與設計規劃。作品完成後仍須等待其黏土陰乾之後才可開始遊戲。

動腦做變化

1. 此類情境布置設計是結合了故事書及自製娃娃屋二部分，幼兒除了可閱讀故事（圖片），還可以自行操作玩偶，放入不同的娃娃家裡，玩好玩的扮演遊戲。

2. 可利用拍照方式設計劇情製作成一本故事書，或是邀請孩子共同創作參與故事的設計，完成之後可放置圖書角讓孩子隨時可自由閱讀。

創意小提示

此項情境布置教具的設置可放置在角落明顯處，並隨時提供給幼兒自由進行扮演或說故事活動。

kuku's party

在農場裡，kuku非常熱心也很有禮貌，大家都很喜歡他

kuku的生日快到了，他的好朋友汪汪想舉辦一個慶生會來為kuku慶生

可是汪汪不知道要如何幫kuku慶生，於是汪汪跑去找了kuku的好友們，大家一起在樹下討論

貓頭鷹說：「讓我們各拿出一項拿手絕活來為kuku過生日吧」

於是乳牛拿出剛擠出來的牛奶

小馬從穀倉帶來了麥粉

雞則是拿出了剛下好的蛋

兔子採了一藍的草莓

松鼠拿來新鮮的核果

豬從垃圾堆找到了食譜

貓咪親自做了閃亮的禮物

老鼠拿來了他最珍貴的乳酪

青蛙帶了生日帽來

山羊很厲害，一下子就把大家帶來的食物製成了可口的蛋糕

汪汪找了許多漂亮的花做成了花圈

kuku一回家就看到大家為他準備的蛋糕和禮物感到很開心

大家一起為kuku唱生日快樂歌

kuku謝謝大家並開心的與大家一起分享大蛋糕

kuku許了個願望~我們永遠都是好朋友

彩球樂園(1)瓢蟲

學習目標

1. 提供感官探索的美感經驗。
2. 啟發創造思考的想像力。
3. 培養小肌肉能力的發展。

使用材料及工具

- ▶ 各種遊戲彩球（球池彩球）
- ▶ 黑色貼紙
- ▶ 免洗筷子1支
- ▶ 活動眼睛1對
- ▶ 黑色毛根1支
- ▶ 氣球棒1支
- ▶ 氣球栓塞1個
- ▶ 泡棉膠帶少許
- ▶ 剪刀1把
- ▶ 美工刀1把

做法

01 先將黃色彩球的1端搓出一個可塞入免洗筷的小洞。

02 可以壓扁一些成半圓型。

03 將免洗筷塞入小洞中。

04 黃色彩球頂端黏上一小塊泡棉膠帶。

05 將紅色彩球沿著分線用美工刀割開至四分之三的位置。

06 將黃色彩球塞入紅色彩球內，用泡棉膠帶固定。

07 將黑色毛根剪成2段，分別捲成瓢蟲觸鬚狀。

08 再拿另一顆紅色彩球，剪出1小塊大小適當的橢圓形。

09 將球的內側利用泡棉膠帶黏上2段黑色毛根。

10 再黏上另一塊泡棉膠條，並與瓢蟲頭部位置接合。

11 貼上2個活動眼睛，以及在身上貼上數個黑色小斑點。

創意小提示 ∘ ∘ ∘ ∘ ∘ ∘ ∘ ∘ ∘ ∘ ∘

1. 瓢蟲設計可以不需加上筷子或棍棒操作，視課程需要做合適的呈現方式，及學習情境布置。

2. 可以利用各色球池彩球設計多樣化創作呈現，如：增添美感的花朵造型。

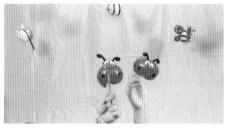

12 最後調整一下即完成了。

動腦做變化

××××××××××××××××××××××××

此項情境布置教具亦可依據活動主題，彈性做設計更換，例如：可利用各色球池彩球設計成多樣化的裝飾布景，增加情境。

××××××××××××××××××××××××

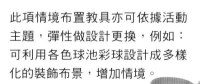

彩球樂園(2)鬃刷偶

學習目標

1. 提供感官探索的美感經驗。
2. 啟發創造思考的想像力。
3. 培養小肌肉能力的發展。

使用材料及工具

▶ 鬃刷
▶ 彩色泡棉管
▶ 瓦楞紙張少許
▶ 活動眼睛1對
▶ 免洗湯匙2個
▶ 曬衣夾4個

▶ 剪刀1把
▶ 保麗龍膠

做法

01 先將活動眼睛黏在鬃刷上。

02 將瓦楞紙張剪成豬鼻子的大小,黏在鬃刷上。

03 黏上2小段泡棉管,當作豬鼻子的鼻孔。

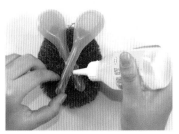

04 再將免洗湯匙黏在鬃刷背後當作耳朵。

05 另外,將4個曬衣夾分別夾在鬃刷上當作小豬的腳。

06 亦可以利用其他素材,如毛根、黏土、布等等設計自己喜歡的其他動物造型。

動腦做變化

鬃刷背後中央可以放入壓舌棒當作手操偶使用,效果也不錯喔!

特別附錄(一)工具材料介紹

工具部分

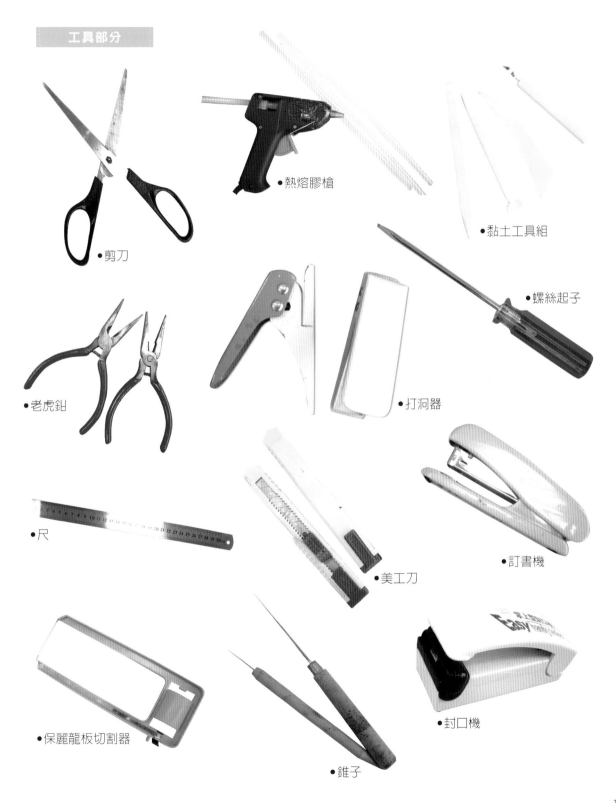

● 熱熔膠槍

● 黏土工具組

● 剪刀

● 螺絲起子

● 老虎鉗

● 打洞器

● 尺

● 美工刀

● 訂書機

● 保麗龍板切割器

● 封口機

● 錐子

材料部分

01

02

03

04

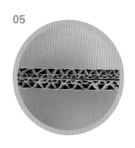

05

06

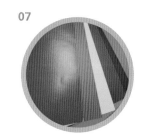

07

08

09

10

11

12

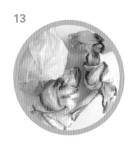

13

14

15

16

01.白膠	02.保麗龍膠	03.不織布	04.各式紙張
05.瓦楞紙	06.吸盤	07.色卡紙	08.波浪紙
09.厚紙板	10.玻璃紙	11.毛線	12.雙面膠帶
13.各式塑膠袋	14.雙腳釘	15.紙盤	16.吸鐵

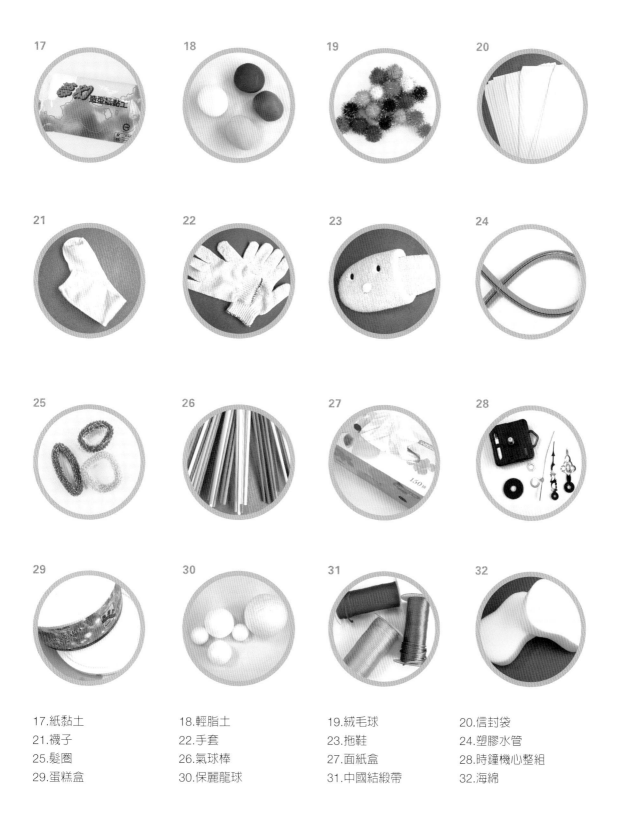

17.紙黏土　　　18.輕脂土　　　19.絨毛球　　　20.信封袋

21.襪子　　　　22.手套　　　　23.拖鞋　　　　24.塑膠水管

25.髮圈　　　　26.氣球棒　　　27.面紙盒　　　28.時鐘機心整組

29.蛋糕盒　　　30.保麗龍球　　31.中國結緞帶　32.海綿

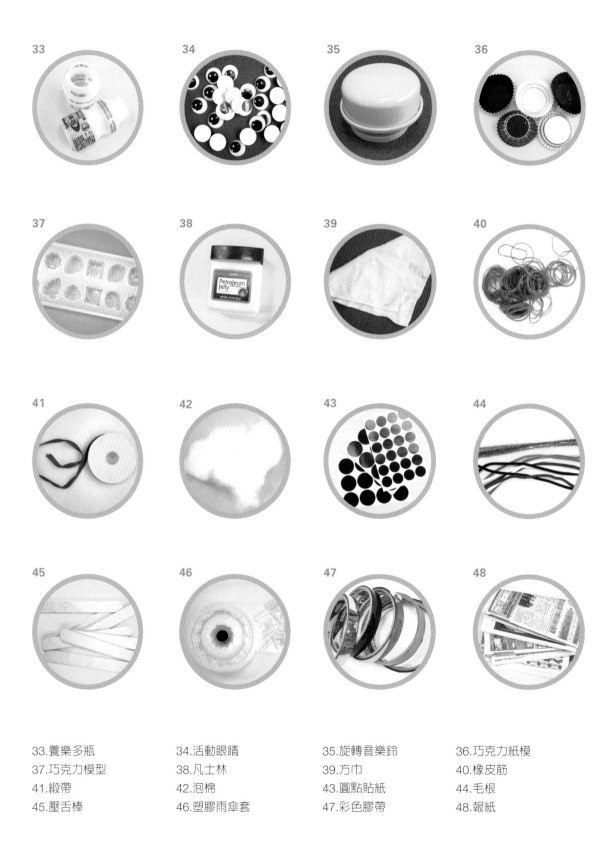

33.養樂多瓶 34.活動眼睛 35.旋轉音樂鈴 36.巧克力紙模
37.巧克力模型 38.凡士林 39.方巾 40.橡皮筋
41.緞帶 42.泡棉 43.圓點貼紙 44.毛根
45.壓舌棒 46.塑膠雨傘套 47.彩色膠帶 48.報紙

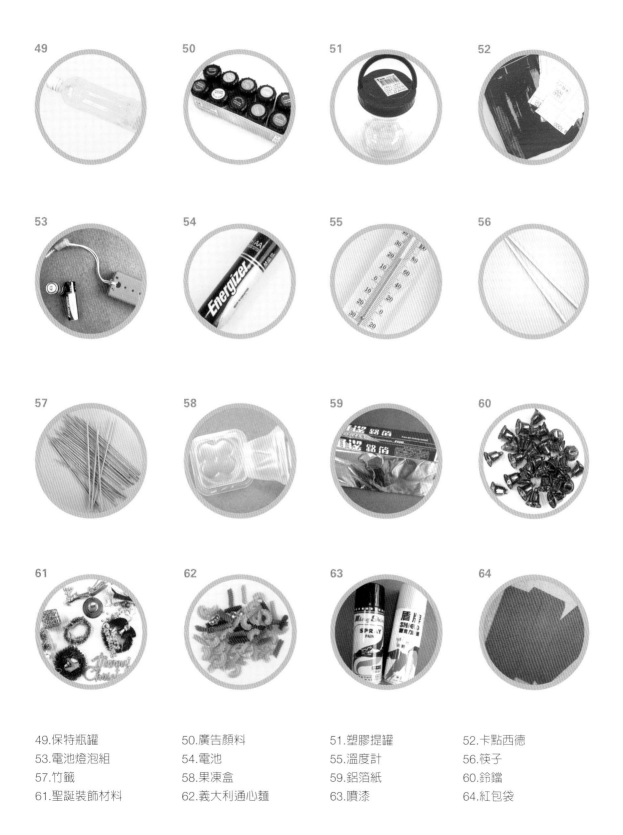

49.保特瓶罐　　50.廣告顏料　　51.塑膠提罐　　52.卡點西德
53.電池燈泡組　54.電池　　　　55.溫度計　　　56.筷子
57.竹籤　　　　58.果凍盒　　　59.鋁箔紙　　　60.鈴鐺
61.聖誕裝飾材料　62.義大利通心麵　63.噴漆　　　64.紅包袋

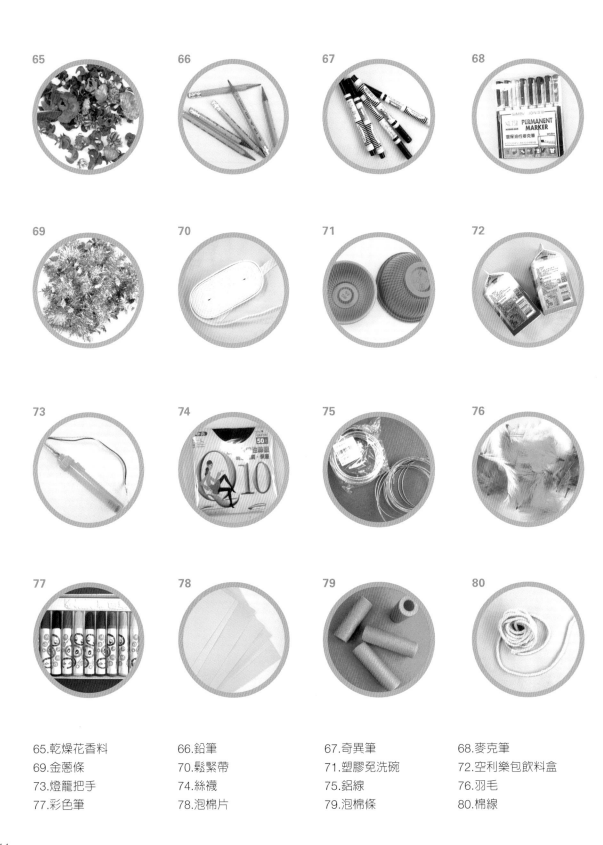

65.乾燥花香料　　66.鉛筆　　　　67.奇異筆　　　68.麥克筆

69.金蔥條　　　　70.鬆緊帶　　　71.塑膠免洗碗　72.空利樂包飲料盒

73.燈籠把手　　　74.絲襪　　　　75.鋁線　　　　76.羽毛

77.彩色筆　　　　78.泡棉片　　　79.泡棉條　　　80.棉線

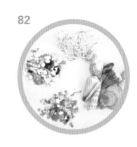

81.魚線
82.裝飾物件（亮片、花心蕊、貝殼、碎石）
83.吸管（標準型、可彎式、波霸粗吸管）
84.膠帶（透明、封箱）

特別附錄（二）嬰幼兒安全教玩具檢核表

　　成人必須配合孩子各發展階段提供適合的教玩具，但是須考量到年幼的孩子不具有自我保護能力，因此任何孩子會接觸的物品都應以「安全」為第一優先。成人在為幼兒審核現成教玩具時就應先檢查該產品是否具備合格標籤、詳細的商品標示，或ST安全標誌，做好初步把關的動作。

　　台灣區玩具暨兒童用品工業同業公會表示，玩具的危險性主要可分為物理性、化學性兩大類，前者包括玩具有尖角、銳邊，及耐摔度未達標準；後者常見有易燃，及含鉛、汞過高等問題。政府機關為了保障兒童使用安全，參考歐盟、日本、美國的規定，制訂玩具安全相關規範及檢驗標準，好讓業者有所依循，而消費者也能清楚判別玩具安全與否。按照正常的程序來看，業者在玩具上市之前，需先提供樣品給經濟部標準檢驗局，由其採取各項必要的檢查，確認有無上述物理性、化學性的危險，接著在進口報關的玩具中，還要進行抽樣檢查，如果兩者都檢驗合格之後，主管機關會核准一商品檢驗標識，上有商品檢驗之流水號，讓業者印製張貼在出售的商品，最後才進入各種銷售通路。由此可知，市面上販售的玩具如有經過檢查核可上市，除少數意外掉落者，在包裝上一定會有「商品檢驗標識」，而這也是家長購買玩具時最先要留意的地方。在商品檢驗標識之外，商品標示亦在規範之內。商品標示通常會和商品檢驗標識一起張貼在包裝上，或另做成小張說明放在包裝裡，提供予消費者正確使用產品及諮詢的資訊，而對廠商而言，則有宣告責任歸屬的含意。完整的商品標示應包含以下項目：

1. 製造商名稱及聯絡方式

2. 進口商 / 代理商名稱及聯絡方式

3. 玩具使用方法與說明

4. 適用年齡

【表三】嬰幼兒安全教玩具檢核表

安全教玩具的檢核	檢核結果		
	是	否	改進方式
1. 購買市售的教玩具是否具有"ST"的標誌。			
2. 教玩具是否清楚的標示：名稱、使用方法、警告標示、適用年齡，以及製造廠商名稱、地址、電話、主要成分等。			
3. 教玩具是否配合幼兒的年齡及發展需要。			
4. 教玩具的材質、大小是否適合幼兒操作。			
5. 幼兒是否會正確操作教玩具。			
6. 附有繩索的教玩具是否超過30公分。			
7. 填充、絨毛玩具之縫線是否完好。			
8. 教玩具或小零件是否太小（十元硬幣以下，容易誤食）。			
9. 零件或油漆是否容易脫落。			
10.教玩具是否容易破裂或凹陷。			
11.電動玩具的充電設備是否容易漏電。			
12.教玩具是否堅固耐用且不易碎。			
13.教玩具的數量是否足夠。			
14.園所是否定期檢修、清洗教玩具。			
15.幼教師是否定有明確的遊戲規則。			
16.不同種類的玩具，是否附有正確的玩具商品警告標示。			

資料來源：北市玩具工會

特別附錄（三）參考資料

中文部分

王美晴(1999)。幼兒教具設計與製作。台北：華騰文化。

王珮玲(2013)。幼兒發展評量與輔導（第五版）。台北：心理。

生活美勞DIY(2001)。台北：三采文化。

伊甸社會福利基金會早療團隊(2008)。動手玩創意。台北：心理。

李惠加(2000)。自製教具益處多－介紹三個實用 DIY教具。幼教資訊:期116，頁57~60。

吳凱琳(2014)。幼兒遊戲（第二版）。台北：啓英文化。

吳緒筑譯(1994)。幼兒教具設計與活用。台北：五南。

林乃馨‧鄭博真‧蔡瓊賢譯(2005)。幼兒創造性課程與教學。台北：華騰。

林敏宜‧楊素玲(2004)。實用教具的設計與製作。台北：啓英文化。

徐照麗(2002)。教學媒體設計與應用(I)(II)。台北：五南。

浮絲曼(2010)。幼兒教具設計與應用（第二版）。台北：永大書局。

張添洲(2000)。教材教法－發展與革新。台北：五南。

張翠娥‧吳文鶯(1997)。嬰幼兒遊戲與教具。台北：心理。

郭靜晃譯(2000)。兒童遊戲。台北：洪葉文化

楊琳(2005)。嬰幼兒教玩具之認識與運用。台北：群英。

劉泠琴(2000)。掌握嬰幼兒特有的生命力。蒙特梭利文化公司。

劉翠華(2007)。幼兒教玩具設計與運用。台北：揚智文化。

蔡子瑜‧邱亦寬‧李德芬(1999)。幼兒發展與輔導。台北：啓英文化。

蔡延治(2001)。教學媒體設計與應用(I)(II)。台北：龍騰。

蔡瑞洪譯(1994)。不要低估你的孩子－如何發現孩子的潛能。台北：信誼基金會。

鄭安修(2004)。節慶教學55招。台北：作家。

魏麗卿(2005)。多元創意教具製作與應用。台北：心理。

羅文喬‧馬惠芬譯(2005)。嬰幼兒遊戲玩具的應用。台北：華騰文化。

外文部分

學研幼兒教育事業部 (2004). Piccolo – The Idea Magazine for Teachers.

Anna, Olimos Plomer(2001).Let's Create! NY: Barron's Educational Series Inc,

Judith, V. H., Patricia, M. N., Barbara, S. & Keith, R. A. (1993).Play at the Center of the Curriculum. NY: Macmillan Publishing Company.

Michael, L. Maine. (2004).Creative Scrapbooking All Seasons. Better Homes and Gardens – Creative Collection.

Paige, G. (2000).The Ultimate Clock Book. NY: Lark Books.

Sherrill, B. Flora. (1987).The Preschool Calendar. MN: T.S.Denison & Company.Inc.

特別附錄（四）教玩具紙版型

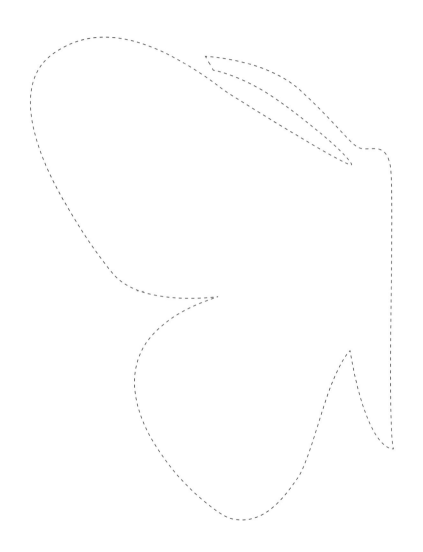

 第52頁　蝴蝶飛飛飛之蝴蝶版型

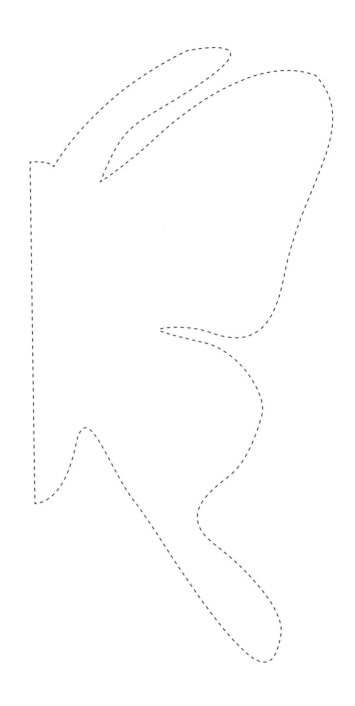

 第52頁 蝴蝶飛飛飛之蝴蝶版型

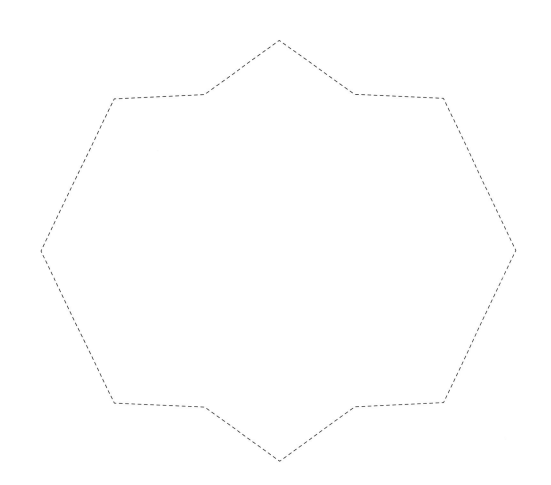

第82頁　感恩愛心卡片

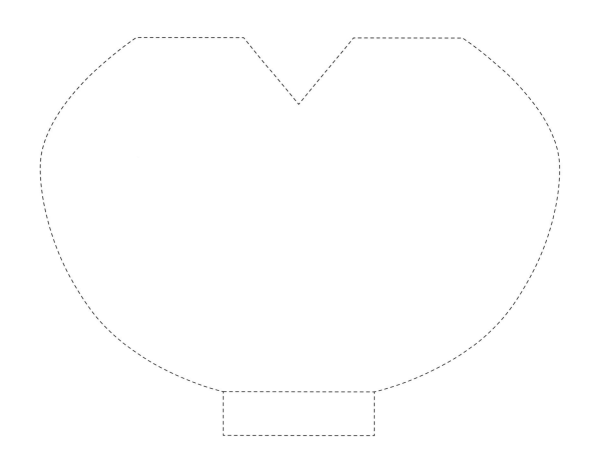

 第82頁　感恩愛心卡片

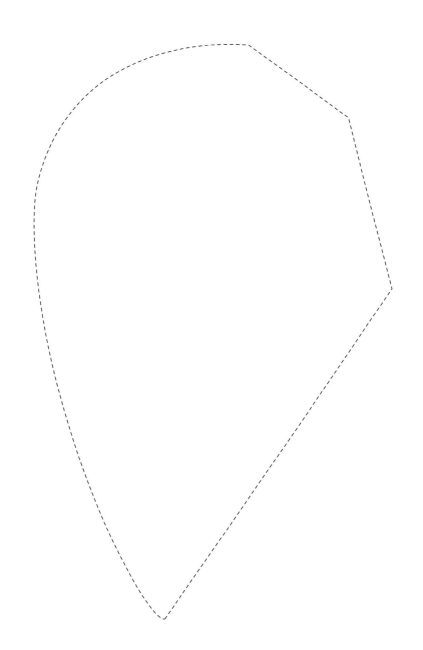

第82頁　感恩愛心卡片

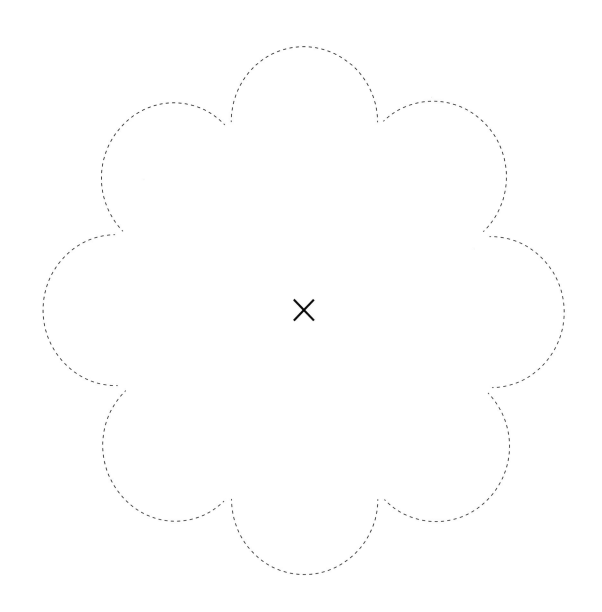

第100頁 花朵小時鐘

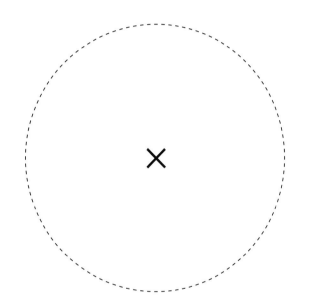

第100頁　花朵小時鐘

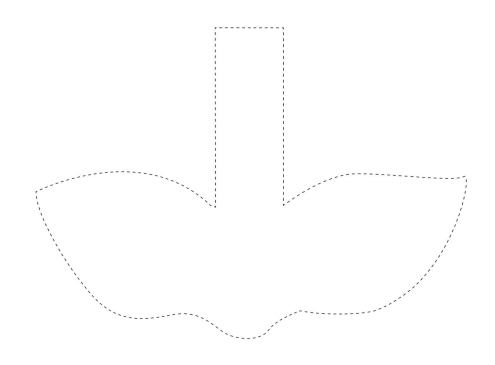

 第100頁　花朵小時鐘

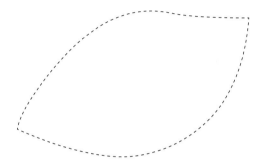

第100頁　花朵小時鐘

國家圖書館出版品預行編目資料

創意激發：幼兒教具的設計與製作 / 王昱之編著.
－ 二版. － 新北市：新文京開發, 2017.12
面； 公分

ISBN 978-986-430-349-6（平裝）

1. 教具 2. 學前教育

523.24 106021883

創意激發
－幼兒教具的設計與製作（第二版）（書號：**ED003e2**）

編著者	王昱之
出版者	新文京開發出版股份有限公司
地址	新北市中和區中山路二段 362 號 8 樓（9 樓）
電話	(02) 2244-8188（代表號）
FAX	(02) 2244-8189
郵撥	1958730-2
初版二刷	西元 2012 年 01 月 30 日
二版	西元 2017 年 12 月 15 日

建議售價：420 元

法律顧問：蕭雄淋律師

ISBN 978-986-430-349-6

New Wun Ching Developmental Publishing Co., Ltd.

New Age · New Choice · The Best Selected Educational Publications — NEW WCDP

新文京開發出版股份有限公司

新世紀‧新視野‧新文京—精選教科書‧考試用書‧專業參考書